ECONOMIA CIRCULAR, SISTEMAS LOCAIS DE PRODUÇÃO E ECOPARQUES INDUSTRIAIS: princípios, modelos e casos (aplicações)

Blucher

João Amato Neto
Marcos Cesar Lopes Barros
Willerson Lucas Campos-Silva

ECONOMIA CIRCULAR, SISTEMAS LOCAIS DE PRODUÇÃO E ECOPARQUES INDUSTRIAIS: princípios, modelos e casos (aplicações)

Economia circular, sistemas locais de produção e ecoparques industriais

Editora Edgard Blücher Ltda.

Blucher

Rua Pedroso Alvarenga, 1245, 4° andar
04531-934 – São Paulo – SP – Brasil
Tel 55 11 3078-5366
contato@blucher.com.br
www.blucher.com.br

Segundo Novo Acordo Ortográfico, conforme 5. ed. do *Vocabulário Ortográfico da Língua Portuguesa*, Academia Brasileira de Letras, março de 2009.

FICHA CATALOGRÁFICA

Amato Neto, João
Economia circular, sistemas locais de produção e ecoparques industriais : princípios, modelos e casos (aplicações) / João Amato Neto, Marcos Cesar Lopes Barros, Willerson Lucas Campos-Silva. – São Paulo : Blucher, 2021.
200 p. : il. (Série Fundação Vanzolini)

Bibliografia
ISBN 978-65-5506-200-7

1. Sustentabilidade 2. Indústrias I. Título II. Barros, Marcos Cesar Lopes III.Cmapos-Silva, Willerson Lucas IV. Série

21-2260 CDD 658.408

Índice para catálogo sistemático:
1. Sustentabilidade

Sumário

PRIMEIRO PREFÁCIO

O aumento de eficiência no setor industrial em termos econômicos e ambientais é um dos grandes benefícios trazidos pelo conceito de economia circular. Esse conceito denota a alteração de uma forma linear de se pensar o ciclo produtivo, na qual a natureza era vista apenas como um repositório de matérias-primas e um local de despejo dos rejeitos após a produção e consumo dos bens. Essa forma de pensar gerou um esgotamento dos recursos naturais e um acúmulo de substâncias tóxicas no solo, nas águas e na atmosfera, que prejudicam a saúde humana e o equilíbrio dos ecossistemas.

Com a inserção de preocupações de ordem ambiental ao sistema produtivo, verificou-se a necessidade de redução da velocidade de extração de recursos naturais, cuidando para não despejar poluentes, a fim de respeitar o tempo necessário para que o ambiente se recupere dos impactos gerados pelas atividades antrópicas. À luz dessas preocupações, se torna cada mais em voga o conceito de economia circular, na qual os resíduos do setor produtivo e das embalagens e produtos pós-consumo, em vez de serem descartados como rejeitos, são recolhidos, reciclados e reinseridos nos mesmos ciclos produtivos ou em outros ciclos produtivos, gerando mais renda, empregos e reduzindo os impactos impostos ao meio ambiente pela atividade econômica.

Essa nova concepção de produção estimula o desenvolvimento de novas tecnologias cujo surgimento não era promovido por uma visão puramente linear de produção e consumo. Por tais razões, o tema da economia circular tem sido abordado em diversos estudos acadêmicos. Um desses expoentes é justamente o professor João Amato, da Escola Politécnica da USP, que organiza a presente obra focada na economia circular, com apresentação de princípios, modelos e casos.

Nesse contexto, ao relacionar a teoria da economia circular com estudos de caso, o livro *Economia circular, sistemas locais de produção e ecoparques industriais* contribui para o avanço nessa temática, permitindo que o leitor acompanhe como essa mudança de concepção se verifica na prática e como ela pode avançar ainda mais.

Parabenizo o Prof. João Amato pela visão prática conferida ao tema nesta obra, que certamente contribuirá para que profissionais e pesquisadores avancem na proposição de novos meios de promoção da economia circular.

Diante da seriedade do trabalho conduzido, recomendo a leitura deste estudo a todos, mas em especial àqueles que lidam com a temática na prática.

PATRÍCIA FAGA IGLECIAS LEMOS
Professora Associada da Faculdade de Direito da USP
Presidente da CETESB – Companhia Ambiental do Estado de São Paulo
Superintendente de Gestão Ambiental da USP (2016-2018)
Secretária do Meio Ambiente do Estado de São Paulo (2015-2016)

SEGUNDO PREFÁCIO

O livro *Economia circular, sistemas locais de produção e ecoparques industriais: princípios, modelos e casos (aplicações)* foi realizado por um Centro de Excelência sobre "Redes de cooperação e gestão do conhecimento", da Universidade de São Paulo (USP), e liderado pelo Prof. João Amato, com ampla e relevante experiência na Engenharia de Produção. A obra traz uma grande contribuição para a área, com casos práticos e detalhados de ecoparques industriais, embasados por uma conceituação teórica de temas complementares e integrados.

Com os objetivos de aproximar as atividades humanas de produção ao modelo natural e equilibrar as relações antrópicas e naturais, a Ecologia Industrial é considerada uma das principais bases conceituais e metodológicas da Economia Circular. Dentro do escopo da Ecologia Industrial, a Simbiose Industrial e os Ecoparques, tratados de modo muito didático e prático nesta obra, surgem para, em um primeiro momento, buscar integrar e fechar os fluxos físicos entre as atividades produtivas antrópicas e, posteriormente, ampliar essa integração para outras relações de conhecimento, pessoas, tecnologia e inovação de modo a institucionalizá-los.

É a partir dessa sinergia, e com o objetivo de geração de valor, por longo prazo, para diversos *stakeholders* e que possa ser recuperado e regenerado, que a Economia Circular "abraça" a Simbiose Industrial e os Ecoparques.

Nesse contexto, as questões locais, trazidas nesta obra pelos Sistemas Locais de Produção, e suas consequências para o desenvolvimento local e regional com modelos circulares são, para a realidade do Hemisfério Sul, o principal potencial de benefício da Economia Circular. Além da eficiência no uso dos recursos físicos, principal foco da Economia Circular na Europa e na América do Norte, o seu grande potencial para países como o Brasil é a inovação social. Inovação, esta, relacionada ao desenvolvimento de Sistemas Locais de Produção Circulares, que podem ser concebidos a partir dos modelos de Ecoparques, com geração de valores para *stakeholders*, promovendo e nutrindo diversos atores, tais como cooperativas, *startups*, tecnologias limpas, entre outros. Desse alinhamento e integração geram-se as janelas de oportunidades de uma transição sociotécnica para uma inovação mais ampla, sistêmica, de longo prazo, com ganhos sociais, econômicos e ambientais.

Esta obra, que integra Economia Circular, Sistemas Locais de Produção e Ecoparques Industriais, nos clama para expandirmos nossa visão de negócio e engenharia para o sistêmico, para a multi e transdisciplinariedade, para a cooperação, para a geração de valor, para o valor compartilhado, para o impacto positivo, para o longo prazo, para a integração, para maior diversidade, resiliência e efetividade.

O que a pandemia, o mau uso da natureza, o aquecimento global, a escassez hídrica, a má qualidade do ar, a desigualdade social e outras consequências das ações negativas que estamos realizando nos últimos séculos estão nos mostrando é que precisamos expandir nossos horizontes e gerar soluções sistêmicas com impactos positivos.

> Suspender o céu é ampliar o nosso horizonte; não o horizonte prospectivo, mas um existencial. É enriquecer as nossas subjetividades, que é a matéria que este tempo que nós vivemos quer consumir. Se existe uma ânsia por consumir a natureza, existe uma ânsia para consumir subjetividades – as nossas subjetividades. Então vamos vivê-las com a liberdade que formos capazes de inventar, não botar ela no mercado. Ailton Krenak – *Ideias para adiar o fim do mundo* (p. 32)

ALDO ROBERTO OMETTO
Professor Titular do Departamento de Engenharia de Produção Escola de Engenharia de São Carlos/USP
Coordenador do Programa de Pioneer University da USP em Economia Circular (EC) junto à Fundação Ellen MacArthur e do Grupo de Pesquisa do CNPq em Engenharia e Gestão do Ciclo de Vida
Membro do Núcleo de Manufatura Avançada da USP

APRESENTAÇÃO

Fruto de uma série de atividades e projetos desenvolvidos ao longo dos últimos anos no âmbito do núcleo de pesquisa por mim criado e coordenado desde 2001: Redes de cooperação e gestão do conhecimento, do Departamento de Engenharia de Produção da Escola Politécnica/Universidade de São Paulo, este livro se propõe a contribuir com o debate e reflexões referentes ao advento do paradigma da produção sustentável (ou dos sistemas de produção de ciclo fechado) no contexto da Economia Circular (EC).

Inicialmente, cabe destacar o contexto em que surgiu o interesse pela temática dos ecoparques industriais. Na disciplina de pós-graduação *stricto-sensu* intitulada: Sistemas de Produção Sustentável, criada e ministrada por mim, desde 2013, no programa de pós-graduação em Engenharia de Produção, um dos tópicos que compõe o programa refere-se à Simbiose Industrial e a ecoparques industriais. A partir da leitura de vários textos e artigos referentes ao tema, muitos trabalhos foram desenvolvidos em conjunto com os alunos do mestrado e doutorado, incluindo artigos para congressos nacionais e internacionais, artigos para revistas e *journals* e, inclusive, uma tese de doutorado, defendida no ano de 2014 por Marcos Cesar Lopes Barros.

A seguir são apresentados os títulos e um breve resumo destes trabalhos:

1. Ecoparques industriais e desenvolvimento sustentável local: princípios, modelos e aplicações.[1] – João Amato Neto (coordenador). Pesquisa Universal CNPq (2014-2017)

<u>Resumo</u>: O objetivo geral desse projeto é analisar a importância dos PIE para o desenvolvimento sustentável local, já que se trata de uma forma de

---

1 O coordenador dessa pesquisa agradece de maneira especial a significativa contribuição dos seguintes pesquisadores: Willerson Lucas Campos-Silva, por sua grande dedicação ao longo de toda a pesquisa, e Marcos Cesar Lopes Barros, por sua relevante contribuição na elaboração do projeto de pesquisa.

organização industrial que possui características fundamentais para integração das diversas ações dos atores sociais participantes dessa organização. Pretende-se, especificamente, contribuir para a elaboração de um modelo de referência para a implantação e o desenvolvimento de ecoparques industriais, a partir da análise das cadeias produtivas no entorno de uma dada região (na qual já se identifica tendências de formação de um Sistema Local de Produção, SLP), visando, em especial, identificar oportunidades de atração de investimentos diretos e consequente adensamento das cadeias produtivas selecionadas.

Palavras-chave: Desenvolvimentos sustentável, simbiose industrial, ecoparque industrial.

2. *Desenvolvimento sustentável, processos produtivos integrados e governança: o caso do SLP de petroquímico-plásticos do Grande ABC* – Marcos Cesar Lopes Barros. Tese de Doutorado defendida no Departamento de Engenharia de Produção da Escola Politécnica da USP, 2014.

Resumo: O objetivo principal dessa pesquisa é analisar e propor tipos evolucionários de sistemas locais de produção que podem ser levados em conta por atores sociais tanto para a elaboração de estratégias como na execução de práticas socioambientais. As aglomerações produtivas têm sido objeto de análises e de políticas públicas nas últimas décadas graças à ocorrência de diversas experiências de sucesso em termos de desempenho econômico-financeiro das empresas participantes de tais formas de interação extramercado. Ao mesmo tempo, restrições socioambientais crescentes fazem com que as empresas busquem resultados em *triple bottom line*. Nesse sentido, os sistemas locais de produção podem oferecer aos atores sociais estratégias e experiências de ações conjuntas que produzam resultados socioambientais importantes. Considerando isso, realizou-se um estudo de caso para explorar e avaliar as práticas socioambientais dos sistemas locais de produção com indicadores que se baseiam nos princípios da Economia Ecológica e Ecologia Industrial. Dessa forma, espera-se contribuir para o entendimento de um novo conceito de sistema local de produção "verde", a partir do qual empresas e atores locais desenvolvam projetos cooperativos voltados também para as dimensões social e ambiental da sustentabilidade.

Palavras-chave: Sustentabilidade, sistemas locais de produção, cooperação, simbiose industrial, governança.

3. *Ecoparques industriais: uma revisão sistemática da literatura internacional* - Campos-Silva, W. L. e Amato Neto, J. Anais do XXXVI ENCONTRO NACIONAL DE ENGENHARIA DE PRODUCÃO, João Pessoa/PA, Out./2016. Nesse evento houve a apresentação do artigo pelo doutorando Willerson Lucas Campos-Silva, coautor deste trabalho.

Resumo: Para que se considere a sustentabilidade no desenvolvimento de novos produtos e processos, a adoção de práticas voltadas para a ecoeficiência se mostra como forma de auxiliar as empresas neste objetivo. Uma forma de unir as parcerias de longo prazo com práticas ecoeficientes é por meio da construção de Ecoparques Industriais, pois ao buscar parcerias, em especial no âmbito empresarial, busca-se gerar ainda mais valor para a organização. Ecoparques industriais são importantes instrumentos rumo a sustentabilidade e se mostram como uma fonte de vantagem competitiva na economia global. Esse artigo objetiva analisar a literatura científica sobre Ecoparques Industriais. Uma revisão sistemática da literatura foi conduzida na base do *Web of Science*, a fim de se apresentar como está acontecendo o debate do tema na literatura científica especializada. Como resultado tem-se que se trata de um tema recente, sendo o artigo mais antigo da amostra datado de 2004; que há uma concentração tanto de pesquisadores quanto de *journals* que tem se destacado na publicação do tema; e as principais abordagens teóricas encontradas foram simbiose industrial e ecologia industrial.

Palavras-chave: Ecologia industrial, revisão sistemática da literatura, simbiose industrial.

4. *"Innovation in eco-industrial parks: a comparative review of case studies"*. Campos-Silva, W. L., Amato-Neto, J., Souza Melo, M. F. and Rodrigo Trotta Yaryd, R. Artigo submetido para *R&D Management Conference.*

Purpose: The concept of eco-industrial park (EIP) forms along with the concept of Industrial Symbiosis (IS), the body of industrial ecology (IE)

(CHERTOW, 2000). To this study, EIP is "a park of industry corporations that collaborate with reusing waste and energy-efficient use of resources with no or small impact on the environment [...] the industries are connected in closed loops through reuse and recycling of materials and waste" (STARFELT; YAN, 2008, p. 1128). The innovation is a factor that influences the formation and development of industrial symbiosis complexes, through improvements in material utilization and reuse technologies, and the adjustment of industrial production structures (EHRENFELD; GERTLER, 1997; ROBERTS, 2004; ZHANG et al., 2014). In the Circular Economy context, the innovation could be an effective strategy to improve the eco-efficiency of enterprises, improving the waste management, the efficiency of resource utilization, and the eco-design of products (SAAVEDRA et al., 2018), "allowing generating more value and for a longer period" (URBINATI; CHIARONI; CHIESA, 2017, p. 487). Based on the EIPs potential to support in achieving sustainable development and to be a platform of innovation in environmental management (LIU; CÔTÉ, 2017; SHI; TIAN; CHEN, 2012), this research aims to analyze the international scientific production about the case studies in eco-industrial parks and understand how the innovation is undertaken.

Key-words: Innovation, eco-industrial parks, case studies.

Além disso, cabe destacar que em setembro de 2017 realizei visita técnica ao ecoparque de Kalundborg, onde pude constatar *in loco* a experiência deste que é considerado a referência em termos de simbiose industrial no mundo. Acompanhado pelo pesquisador Per Moller, também visitei o Kalundborg Symbiosis Center, onde são desenvolvidos estudos e projetos referentes à questão da ecologia/simbose industrial, com apoio às empresas já instaladas no ecoparque, assim como projetos referentes às oportunidades de atração de novas empresas.

João Amato Neto

SOBRE OS AUTORES

João Amato Neto: Professor Sênior (Titular) do Departamento de Engenharia de Produção da Escola Politécnica da Universidade de São Paulo (POLI-USP). Conselheiro da FIESP – Conselho Superior da Micro, Pequena e Média Indústria – COMPI. Pela Comissão Europeia, foi professor convidado no *International Master in Industrial Management – (IMIM)* no Politecnico di Milano (Itália) e pesquisador visitante na Universidade de Aachen (Alemanha). É pós-doutor em Economia e Administração de Empresas pela Università Ca Foscari di Venezia (Itália). Livre-docente e Doutor em Engenharia de Produção pela POLI-USP, Mestre em Administração de Empresas pela Fundação Getúlio Vargas (EAESP-FGV) e Bacharel em Engenharia de Produção pela Escola de Engenharia de São Carlos da Universidade de São Paulo (EESC-USP). Coordenador do núcleo de pesquisa Redes de Cooperação e Gestão do Conhecimento (REDECOOP) e pesquisador sênior do Núcleo de Política e Gestão Tecnológica da Universidade de São Paulo (NPGT/ USP). Atualmente é Presidente da Diretoria Executiva da Fundação Vanzolini.

Marcos Cesar Lopes Barros: Graduado em Ciências Econômicas pela Universidade de São Paulo. Mestre em Economia da Indústria e da Tecnologia pela Universidade Federal do Rio de Janeiro. Doutor em Ciências, obtido no programa de pós-graduação em Engenharia da Produção da Escola Politécnica da Universidade de São Paulo. Atualmente é analista do Instituto Brasileiro de Geografia e Estatística, IBGE, órgão do Ministério da Economia do Governo Federal. Tem experiência na área de Economia, com ênfase em Economia Industrial e Regional, atuando principalmente com os seguintes temas: economia da sustentabilidade, *clusters*/arranjos produtivos locais no Brasil, ecoparques industriais, desenvolvimento sustentável, informação tecnológica, indicadores de estatísticas socioeconômicas e ambientais.

Willerson Lucas Campo-Silva: Docente da área de Administração do Instituto Federal de Mato Grosso do Sul, Campus Dourados. Doutor em Engenharia de Produção pela Universidade de São Paulo (POLI/USP). Mestrado em Administração pela Universidade Federal de Mato Grosso do Sul (UFMS). Graduação em Administração. Participou do Projeto Casadinho – – Missão de Estudo na FEA/USP. Atualmente ocupa a função de Coordenador do Eixo Tecnológico em Gestão e Negócios do IFMS, Campus Dourados.

CAPÍTULO 1
INTRODUÇÃO

1.1 O advento do paradigma da produção sustentável no contexto da Economia Circular

O tema da Economia Circular (EC) ganhou grande destaque a partir do encontro do Fórum Econômico Mundial de 2014, liderado pela entidade britânica Fundação Ellen MacArthur. Trata-se, de fato, de uma nova compilação para os termos já difundidos de "economia ecológica", "economia de baixo carbono", "economia sustentável", entre outros. Desde então, o conceito de EC vem se difundindo rapidamente tanto no meio corporativo (empresas), quanto em entidades do terceiro setor e formuladores de políticas públicas, influenciando governos e agências intergovernamentais nos níveis local, regional, nacional e internacional.

Historicamente, cabe salientar que a Alemanha foi pioneira já na década de 1960 em termos de esforços de integração da EC às leis nacionais, com a promulgação da "Lei de Gestão de Resíduos Sólidos e Ciclo Fechado". Em seguida, o Japão promulgou uma Lei Básica para estabelecer uma base de reciclagem no ano de 2002. Já no ano de 2009 a China promulgou a "*Lei de Promoção da Economia Circular*". Outras entidades supranacionais passaram a incorporar tal conceito, como no caso da Comissão Europeia, que em 2015 publicou a *Estratégia de Economia Circular da Comunidade Europeia.* (GEISSDOERFER, MARTIN1,2; SAVAGETt, PAULO1; BOCKEN, NANCY M.P.1,2; HULTINK, ERIK JAN2, 2016).

Na perspectiva da economia circular, o sistema econômico deve ser compreendido como um subsistema de um maior, o qual impõe uma restrição absoluta à expansão da economia. Sob tal visão o nosso planeta possui uma capacidade de carga que não é conhecida com precisão pela ciência, o que torna necessário adotar uma postura precavida em relação à produção material da sociedade. Ainda sob tal perspectiva, o desenvolvimento científico e tecnológico é fundamental para aumentar a eficiência na utilização dos recursos naturais, tanto renováveis quanto não renováveis. Em longo prazo, a real sustentabilidade do sistema econômico não é possível sem estabilização dos níveis de consumo *per capita* de acordo com a capacidade de carga do planeta.

Portanto, a *Economia Circular* fundamenta-se no princípio de que o funcionamento do sistema econômico, considerado nas escalas temporal e espacial mais amplas, deve ser compreendido tendo-se em vista as condições do mundo biofísico sobre o qual este se realiza, uma vez que é deste que derivam a energia e matérias-primas para o próprio funcionamento da economia.

Por seu turno, a *Ecologia Industrial* é um enfoque para se analisar o desenvolvimento de produtos e processos com a implementação de estratégias sustentáveis de produção. Baseia-se na premissa de que o sistema industrial não pode ser visto de forma isolada do meio ambiente em que está inserido. A aplicação de seus conceitos procura otimizar o ciclo total de materiais, desde a matéria-prima até a matéria contida em componentes, produtos finais, resíduos e disposição final. Alguns conceitos destacam-se sob tal abordagem, e o primeiro deles é o de ecoeficiência. O conceito de *ecoeficiência* refere-se, basicamente, à produção e distribuição (entrega) de bens e serviços em bases preço-competitivas, de maneira a satisfazer as necessidades humanas, trazer a qualidade de vida, e, ao mesmo tempo, reduzir os impactos ecológicos e a intensidade de uso de recursos, pelo menos no nível estimado da capacidade de sustentação da Terra (definição dada pela *World Business Council for Sustainable Development* (WBCSD). A lógica predominante nessa abordagem da ecoeficiência traduz-se pela ideia de se conceber e projetar o produto do "berço ao berço", em que se produz, utiliza-se, reutiliza-se o produto e o ciclo continua, com o mínimo de perda de material possível. É um esforço que vai da concepção do produto à sua utilização e reinserção na economia após uso.

Entende-se por *impacto ambiental* qualquer modificação no meio ambiente, adversa ou benéfica, que resulte, no todo ou em parte, das atividades, produtos ou serviços de uma organização. Nesse sentido, a *Avaliação do Ciclo de Vida* (ACV) é uma ferramenta da Gestão Ambiental que permite a avaliação integral dos impactos ambientais associados aos produtos (ANDERI; KULAY, 2006). A ACV avalia o desempenho ambiental dos produtos ao longo de todo o seu ciclo de vida, desde a obtenção dos recursos naturais (berço) ao descarte final (túmulo) ou a reinserção dos recursos (berço novamente). Trata-se, de fato, de uma ferramenta de apoio à tomada de decisões, pois gera informações, mas não resolve problemas.

A ACV também avalia os impactos associados à função do produto, e compara desempenho ambiental de produtos que exercem a mesma função. O método básico da ACV se dá em duas tarefas: uma delas é identificar todas as interações entre o meio ambiente e o sistema do ciclo de vida do produto; a outra é avaliar os possíveis impactos ambientais devidos às interações do produto com o meio ambiente. Para ajudar nesse trabalho, existem bancos de dados, que são um inventário de ciclo de vida de elementos comuns à produção de muitos produtos, como: energia, transporte e água. Esses bancos de dados têm caráter regional, pois o impacto ambiental depende de cada ambiente, de cada região. Por exemplo, o impacto ambiental do uso de 1 kWh no Brasil é diferente do que na França (ANDREI; KULAY, 2006).

Já a *logística reversa* refere-se a "um segmento especializado da logística que foca o movimento e gerenciamento de produtos e materiais após a venda e após a entrega ao consumidor. Inclui produtos retornados para reparo e/ou reembolso financeiro" (*Council of Supply Chain Management Professionals* – CSCMP, 2005, tradução nossa). Portanto, partindo do elo final da cadeia produtiva, essa visão inverte o fluxo dos materiais, passando pela seleção dos componentes de um produto acabado após sua utilização por parte do consumidor final e envolve todas as etapas do processo produtivo, desde as suas etapas finais até as iniciais, de uma forma invertida da tradicional (expedição, embalagem, acabamento, fabricação). Tal abordagem tem por objetivo maior aplicar o princípio dos 4R (reprocessar, recondicionar, reciclar e revender) na perspectiva de recuperar ao máximo os componentes, peças e materiais utilizados na produção dos produtos, minimizando, dessa forma, o volume do descarte e, consequentemente, a quantidade de lixo gerado.

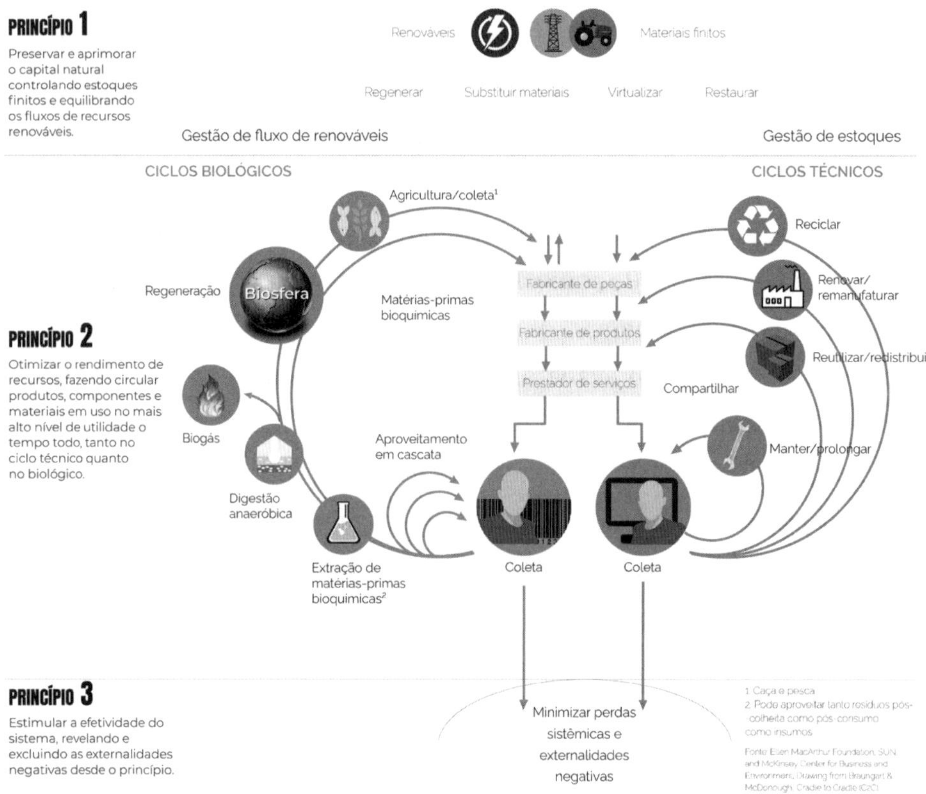

Figura 1.1 Modelo fundamental da economia circular.
Fonte: Filho, 2018.

Das campanhas ambientalistas do Greenpeace na década de 1980, surgiu a expressão *Produção Mais Limpa (P+L)*, e ganhou força com o Programa *Cleaner Production* do Programa das Nações Unidas para o Meio Ambiente (PNUMA). Produção Mais Limpa é mais abrangente que a ideia dos *4R (reprocessar, recondicionar, reciclar e revender).* Sua filosofia consiste na substituição do modelo *end-of-pipe* (controle, contenção e tratamento no interior da fábrica) por conceitos, estratégias e procedimentos que levam em conta a prevenção dos impactos à saúde e ao ambiente, do "berço à cova", ou seja, matéria-prima e suas fontes naturais, processos industriais, uso ou consumo de produtos, destinação e tratamento de resíduos, produto e suas embalagens (FURTADO, 2003).

Ao longo das últimas décadas as empresas têm evoluído para um comportamento mais proativo em relação aos impactos ambientais da produção, uma vez que os danos causados pelas atividades produtivas deixaram de ser vistos apenas como uma questão de custos *(Princípio do Poluidor Pagador)* para se tornarem os principais alvos das práticas ambientalistas de toda a sociedade, representada institucionalmente pela composição dos *stakeholders* (VINHA, 2003). Em nível teórico, esta mudança de postura empresarial pode ser entendida como o reconhecimento de que o capital natural e o capital construído não são perfeitamente substitutos entre si (ROMEIRO, 2003) na solução dos danos ambientais e que, portanto, a gestão empresarial deve ser orientada pelos princípios da precaução e da prevenção (FURTADO, 2003) dada a irreversibilidade dos impactos negativos das atividades produtivas.

Nesse sentido, esse novo posicionamento empresarial vem sendo desenvolvido ao longo das últimas décadas, entendendo-se que o desenvolvimento sustentável deveria ocorrer a partir da busca da ecoeficiência de tal modo que o fornecimento de bens e serviços a preços competitivos deve satisfazer as necessidades humanas e trazer qualidade de vida, ao mesmo tempo que se reduz progressivamente o impacto ambiental e o consumo de recursos ao longo do ciclo de vida, a um nível mínimo, equivalente à capacidade de sustentação estimada da Terra.

Embora esse posicionamento seja compatível com os preceitos da Economia Ecológica, sua tradução em modelo de gestão permitiu, na verdade, uma significativa economia de recursos, pois, ao substituir alterações pontuais e dispendiosas, incrementou a produtividade e a eficiência, resultando em vantagens de custos sobre os competidores. "Além disso, a indústria assumiu uma postura mais cooperativa intra e intersetorialmente, induzida pela organização e compartilhamento de tarefas intrínsecas à gestão ambiental" (VINHA, 2003).

Desse modo, seja sob o enfoque voltado para a competitividade nos mercados, seja na abordagem com base na responsabilidade socioambiental, as empresas passaram a ser avaliadas pelos *stakeholders* não apenas em função das suas rentabilidades, mas também de acordo com os seus desempenhos nas áreas social e ambiental, gerando resultados em *Triple Bottom Line* (ELKINGTON, 1997). Em relação à área ambiental, nesse sentido, foram criados conceitos, critérios e métricas capazes de avaliar em que medida as empresas atendem aos requisitos que caracterizam a Produção Limpa, como o ecodesign (LEWIS et al., 2001); a ecoeficiência; a minimização dos impactos ambientais; o controle de riscos; a auditoria socioambiental; a contabilização ambiental; e a expansão do ciclo de vida dos produtos.

Já do ponto de vista dos mercados internacionais, existe uma expectativa mundial em relação à *Rotulagem Ambiental tipo III*, norma ISO 14.025, que requer informações ambientais baseadas em ACV como requisito obrigatório do comércio exterior. Por essa razão, muitas empresas no Brasil devem incorporar a ACV em suas rotinas de gestão, com o intuito de facilitar suas relações comerciais de exportação. Embora tal Rotulagem Ambiental não seja obrigatória nas relações comerciais internacionais, ela já ocasiona uma diferenciação de competitividade dos produtos em um mercado cada vez mais exigente em relação às questões ambientais. Nesse sentido, vários países, inclusive o Brasil, têm criado programas de pesquisa para o aprimoramento da ACV, que envolve a definição dos objetivos e escopo do trabalho, a análise de inventário, a avaliação dos impactos ambientais e a interpretação final.

Alinhadas a esses conceitos e princípios, iniciaram-se recentemente pesquisas para a *gestão da cadeia de suprimentos com laços fechados (do inglês closed-loop supply chains, CLSC)* que possuem estrutura análoga ao sistema produção-consumo da economia circular discutida anteriormente. Para Atasu, Guide e Wassenhove (2008, tradução nossa), CLSC pode ser definido como o "design, controle e operação de um sistema que maximiza a criação de valor ao longo de todo o ciclo de vida de um produto a partir da recuperação dinâmica de diferentes tipos e volumes de produtos retornados ao longo do tempo". Nesse sentido, devemos dar especial atenção à importância crucial do ecodesign (TISCHNER; CHARTER, 2001) ou fase de desenvolvimento do produto que será objeto de remanufatura, pois diversos critérios devem ser atendidos, entre os quais destacamos a resistência ao desgaste e as facilidades de identificação, separação e manuseio (SAAVEDRA, 2009).

Outro conceito basilar na discussão sobre o desenvolvimento sustentável refere-se ao de Simbiose Industrial (SI). Nas palavras de seus principais teóricos, Frosch e Gallopoulos, simbiose industrial é quando "os resíduos de um processo industrial podem servir de matéria-prima para outro, reduzindo assim o impacto da indústria no meio ambiente", ou em outros termos: trata-se de uma forma de organização produtiva envolvendo várias plantas e processos fabris, na qual "os resíduos de uma empresa podem se tornar a matéria-prima de outra empresa". Nesse contexto industrial, são considerados novos componentes ambientais, espaciais e sociais e as interações resultantes da adoção de um conceito que busca melhorar o desempenho ambiental por meio do aprimoramento dos processos simbióticos e da integração territorial do parque industrial a partir de uma abordagem holística.

Essa SI significa uma relação interempresarial na qual existem vantagens mútuas ao se comercializar resíduos ou subprodutos gerados em um determinado processo produtivo. Para o vendedor, ocorre a realização de receita com materiais que de outra forma seriam descartados e depositados no meio ambiente, enquanto para o comprador há redução no custo dos materiais e/ou insumos devido ao aumento do número de ofertantes no mercado. O campo de operação da SI pode abranger, a princípio, mais de uma região geográfica, por meio de redes de empresas que realizam transações a distância voltadas para a complementaridade de suas atividades. Mas, por outro lado, essas transações podem ser praticadas por processos produtivos localizados no mesmo município ou região, o que caracterizaria a existência de um Ecoparque Industrial (PIE). Os PIE foram objetos das políticas públicas dos Estados Unidos da América, durante a gestão do presidente Bill Clinton, a partir da seguinte definição:

"PIE é uma comunidade de negócios que cooperam entre si e com a sociedade local para compartilhar recursos de forma eficiente (informação, energia, água, materiais, infraestruturas e recursos naturais) levando a ganhos econômicos, ganhos na qualidade do meio ambiente, equidade dos recursos humanos nos negócios e na comunidade local" (CHERTOW, 2007).

O surgimento dos PIE pode, dessa forma, ocorrer por meio das relações de mercado com benefícios comuns ou então no bojo de projetos públicos voltados para o desenvolvimento local. Os casos mais exitosos de PIE na literatura pertencem ao grupo de PIE auto-organizados (CHERTOW, 2007), na medida em que não surgiram como resultado de implementação de políticas públicas, mas sim da formação de conexões entre empresas que visavam ao recebimento de vantagens econômicas. Existem PIE em diversos países, como Estados Unidos da América, China, Índia, Canadá, Alemanha, Austrália e Áustria, sendo que o caso mais destacado na literatura localiza-se no município de Kalundborg, na Dinamarca (os casos mais ilustrativos serão apresentados e discutidos adiante).

Entretanto, dadas as particularidades das estruturas locais de organização da produção em determinados ramos de atividades, a expansão do modelo de PIE nas últimas décadas ainda não ocorreu conforme projeções do governo dos Estados Unidos da América e de grande parte da comunidade acadêmica. Na verdade, essa baixa receptividade certamente está associada ao fato de que a construção de um PIE vai muito além da simples criação de conexões entre empresas para o reaproveitamento de materiais e energia, pois se trata de construir organizações que sejam sustentáveis não apenas do ponto de vista econômico-financeiro, como também apresentem resultados satisfatórios em relação aos impactos ambientais e sociais de suas atividades produtivas.

Uma estratégia para superar tal questão é o estabelecimento de estágios de evolução para as ações de simbiose industrial, conforme proposto por Posch (2010): o primeiro refere-se às próprias conexões interempresariais voltadas ao reaproveitamento de materiais e energia; já o segundo estágio diz respeito às medidas relacionadas à cooperação mais ampla em diversos campos com base na seguinte definição de rede para a simbiose industrial:

> um conjunto de relacionamentos simbióticos de longo-prazo entre atividades produtivas locais envolvendo trocas físicas de materiais e energia bem como a troca de recursos humanos, tecnológicos e do conhecimento, promovendo continuamente benefícios competitivos e socioambientais (POSCH, 2010, p. 245).

Assim, as medidas de simbiose industrial, que surgem na passagem do primeiro para o segundo estágio, incluem novos objetos e formas de relacionamento que vão muito além da compra e venda de materiais e energia.

Ou seja, torna-se necessário a participação de todos os atores sociais locais na definição dos objetivos da sustentabilidade nas três dimensões - econômica, social e ambiental - criando-se, portanto, uma visão conjunta do que deve ser o desenvolvimento sustentável para aquela região. Em síntese, a Ecologia Industrial está para a SI de primeira geração, ou primeiro estágio, assim como o desenvolvimento sustentável está para a SI de segunda geração, ou segundo estágio, de tal modo que a prática da cooperação ocorra não apenas entre empresas, mas inclua também todos os demais atores sociais locais.

Posch (2010) aponta quais devem ser os resultados esperados desta cooperação ampla ou simbiose de segunda geração entre os atores locais de uma determinada região:

- **Reciclagem de materiais e reaproveitamento energético:** esta é a atividade central das atividades de SI de primeira geração. A reintegração dos resíduos da produção e do consumo em outros processos produtivos leva à substituição de recursos naturais e à diminuição de resíduos totais. Conforme aponta Lifset (2001, p. 1 apud POSCH, 2010, p. 246), "fechar laços significa aproveitar materiais e produtos que de outro modo seriam depositados no meio ambiente. Este é o princípio básico da ecologia industrial".
- **Cooperação para melhoria e integração de processos produtivos:** nas cadeias de suprimentos assim como nos parques ou aglomerações industriais/*clusters* (ou ainda Sistemas Locais de Produção - SLP), o melhoramento e a integração dos processos produtivos são sempre altamente vantajosos, seja do ponto de vista econômico ou ambiental. Atividades comuns de P&D para melhorias de processos e ganhos de eficiência podem também ocorrer. Além disso, facilidades administrativas e equipamentos técnicos (como estações de tratamento para água de reúso), podem ser compartilhados pelas redes de empresas.
- **Cooperação no desenvolvimento de produtos sustentáveis:** quanto ao impacto ambiental de um produto durante seu ciclo de vida, a maior degradação ocorre durante as fases de produção e consumo. A definição do grau deste impacto ocorre durante a fase de desenvolvimento do produto, quando o aspecto e a composição do produto são fixados. Assim, o processo de desenvolvimento do produto - ou design industrial - é essencial para a sustentabilidade. Os produtos devem ser desenvolvidos para atender as necessidades dos consumidores, mas deve ter impacto ambiental e social mínimo ao longo da cadeia de valor.
- **Adesão a uma responsabilidade social comum:** a responsabilidade social corporativa abrange três principais questões: primeiro a responsabilidade social ao longo do ciclo de vida do produto; segundo, a administração apropria-

> da dos recursos humanos, incluindo tratamento justo aos trabalhadores idosos, empregados de diferentes culturas, deficientes físicos, e empregados de ambos os gêneros; e terceiro, cidadania corporativa, que não está apenas limitada a criação de empregos, mas também inclui atividades para fortalecer os laços comunitários para cooperar com instituições de ensino local, patrocinar eventos culturais ou aumentar o número de fornecedores locais.
>
> • **Promoção do aprendizado interempresarial e a geração de conhecimento:** esta questão está relacionada de perto com outras questões brevemente mencionadas acima, e destaca tanto o grande potencial de benefícios mútuos de um melhor entendimento das questões relacionadas com a sustentabilidade, quanto a busca de soluções para os desafios socioambientais que os membros da rede devem enfrentar. Malone e Yone (2002) apontam que a distribuição de mais conhecimentos e o compartilhamento de valores éticos por meio das tecnologias emergentes de comunicações podem ser a chave que abrirá um futuro ambientalmente sustentável, economicamente próspero e igualitário, e que provavelmente será socialmente e politicamente estável. (POSCH, 2010)

Tomando por base as considerações feitas até o momento, busca-se agora analisar, sob a ótica da simbiose industrial, o fenômeno e a importância dos ecoparques industriais (PIE) para o desenvolvimento sustentável das regiões.

CAPÍTULO 2
REVISÃO DA LITERATURA

2.1 Sistemas Locais de Produção e o desenvolvimento sustentável

As aglomerações de empresas em determinados locais (*cluters*/ sistemas locais de produção, SLP) é um fenômeno que, do ponto de vista teórico, tem sido analisado por diversas vertentes de autores e sob diferentes abordagens: economia regional, gestão estratégica, inovação, cadeias de valores e capital social. Em tais análises pode-se destacar o conceito de externalidades como benefícios auferidos pelas unidades produtivas, que se formam em decorrência da expansão de uma indústria ou de um setor industrial. Benefícios auferidos por uma indústria, quando a região em que se localiza dispõe de boa infraestrutura e redes de estradas, mão de obra qualificada em disponibilidade, oferta de matérias-primas e localização próxima aos mercados consumidores. A existência desses recursos influi decisivamente na redução dos custos de produção e de distribuição, proporcionando a expansão industrial em geral. Por exemplo: a existência de um curtume numa dada região estimula, em suas proximidades, a construção de fábricas de calçados e artigos de couro.

Segundo Brito (2002), as externalidades podem ser classificadas em 4 categorias distintas, a saber:

> - Externalidades técnicas: interdependência entre os agentes do ponto de vista técnico resulta em modificações nas características das respectivas funções de produção.
> - Externalidades pecuniárias: mudanças nos preços relativos dos fatores e em modificações das estruturas de custo das empresas.
> - Externalidades tecnológicas: associadas a efeitos do tipo *spill-over*, que resultam em mudanças no ritmo de adoção e difusão e inovação em determinado mercado.
> - Externalidades de demanda: situações nas quais

> a demanda de bens oferecidos por cada unidade é afetada por modificações na demanda de outras unidades, ou nas quais a demanda de um consumidor individual é influenciada pela demanda agregada do mesmo bem. (BRITO, 2002)

Além disso, para que haja condições de desenvolvimento de tais aglomerações ou sistemas locais de produção é essencial focalizar não só os efeitos de economias externas, mas também as interações (ações conjuntas) entre empresas e as formas de cooperação entre elas.

Ao mesmo tempo, os estudos empíricos têm mostrado um amplo conjunto de casos com particularidades e idiossincrasias em relação a determinados modelos de cooperação interempresarial puros, levando a resultados que apontam a necessidade de se complementar tais modelos com novos aspectos relevantes para o entendimento da origem e desenvolvimento dos *clusters*/SLP. Nesse sentido, as discussões podem contribuir também para jogar luz sobre temas importantes relacionados aos SLP, entre os quais se destaca o seu posicionamento nas cadeias de valor e o papel das instituições locais na promoção do desenvolvimento sustentável.

As empresas inseridas em SLP são, por definição, do mesmo ramo de atividade e em geral possuem fornecedores de primeira camada localizados na mesma região, assim como está disponível a essas empresas oferta local de mão de obra qualificada e de serviços de apoio.

Portanto, pode-se definir *Sistemas Locais de Produção* como aglomerações territoriais de agentes econômicos, políticos e sociais - com foco em um conjunto específico de atividades econômicas - que apresentam interdependência, articulação e vínculos consistentes, resultando em interação, cooperação e aprendizagem, com potencial de gerar o incremento da capacidade endógena, da competitividade e do desenvolvimento local.

Essa concentração de empresas de um mesmo setor em uma determinada cidade ou região já estava sendo objeto de análise econômica desde o final do século XIX quando Alfred Marshall, em sua obra seminal *Princípios de Economia* (MARSHALL, 1920), mostrou que a proximidade geográfica das atividades produtivas beneficia as firmas participantes por meio da formação de externalidades, como: o surgimento de atividades subsidiárias que fornecem a indústria principal com instrumentos e matérias-primas; a viabilidade de utilização de maquinário altamente especializado; e um mercado local constante para mão de obra qualificada. Além disso, Marshall reservou especial atenção não apenas a tais economias externas, mas também ao fato de que nos *clusters* ocorrem ganhos por meio da organização e difusão do conhecimento técnico, devido à maior integração existente entre os atores sociais.

Mais recentemente, autores como Pyke, Becattini e Sengenberger (apud AMATO NETO, 2009) apontaram para o fato de que, enquanto a recessão econômica foi intensa em diversos países nas décadas de 1970 e 1980, em algumas regiões como Oyonnax, na França; Jutland, na Dinamarca, Baden-Württenberg, na Alemanha; Smäland, na Suécia; Barcelona, na Espanha; Vale do Silício, ao redor de Los Angeles, nos Estados Unidos da América; Cambridge, na Inglaterra; e partes do Japão surgiam resultados econômicos surpreendentes aos olhos tanto das instituições financeiras mundiais quanto da Organização Internacional do Trabalho (OIT). Dentre todas as regiões europeias com tal desempenho excepcional nesse período, o caso mais emblemático na literatura é o da Terceira Itália, região que compreende as áreas Centro-Norte, Norte e Nordeste do território italiano, graças ao fato de ter havido um forte aumento da competitividade das empresas locais tanto nas vendas para o mercado doméstico como, especialmente, para o mercado internacional.

Em todos estes casos, as pequenas e microempresas foram os principais vetores de desenvolvimento devido à incorporação de tecnologias de ponta em seus processos produtivos, à modificação de suas estruturas organizacionais internas e à busca de novos vínculos com o entorno socioeconômico, de modo a constituir um modelo de reestruturação industrial capaz de competir, em alguns setores, com as empresas de grande porte internacionalizadas.

Com relação ao *papel das instituições* dedicadas à promoção dos SLP, diversos autores (BELUSSI; SAMMARRA, 2005; IGLIORI, 2001) apontam a existência de valores culturais, costumes e tradições que contribuem para a criação de um ambiente de confiança e cooperação entre os atores sociais, resultando em vantagem competitiva para essas aglomerações industriais.

Os SLP podem, portanto, catalisar tais ações dispersas, de modo que a capacidade de cooperação utilizada até então para o aumento da competitividade e da eficiência coletiva em termos econômicos possa também servir para o cumprimento de metas ambientais e sociais. Dessa forma, o adensamento da cadeia produtiva em um SLP pode significar tanto o aumento da agregação de valor pelas empresas participantes quanto o investimento local em novos elos da cadeia produtiva, resultando em impactos positivos em termos de governança, geração de emprego e renda. Ao mesmo tempo, com o maior controle das etapas de produção surgem, também, oportunidades para a implementação de ações que contribuam para a redução de resíduos, a otimização de gastos com energia e mitigação de outros impactos ambientais negativos, a partir da criação de *loops* que levem à redução da utilização de recursos materiais e aumento no ciclo de vida dos produtos (relativa à prática dos 4R).

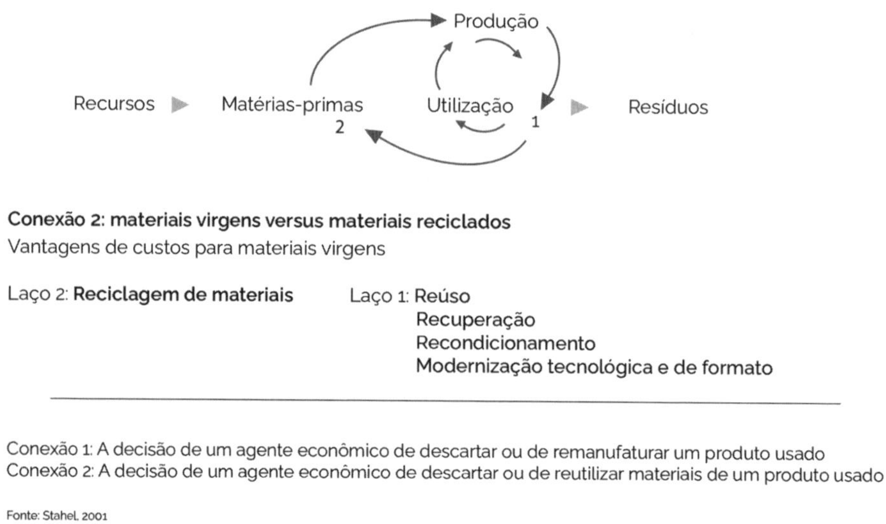

Figura 2.1 Fechando os laços materiais: os laços autoabastecidos, serviços sustentáveis e conexões entre estes laços e a economia linear.
Fonte: Stahel (2001).

Ao mesmo tempo, a conservação dos recursos naturais locais e a qualidade do meio ambiente surgem como demanda crescente da sociedade e dependem da atuação das instituições para sua valorização, pois envolvem ações nas áreas de educação, infraestrutura, inovação tecnológica, produção e consumo, dado o caráter sistêmico das questões pertinentes: poluição, exaustão/depleção, desmatamento, redução da biodiversidade, entre outras.

Nesse sentido, os SLP podem apresentar importante poder de mobilização dos agentes sociais ao envolver de forma sistêmica empresas, governos, instituições de ensino, centros de pesquisa, entre outros atores, na implementação de ações voltadas para o desenvolvimento sustentável local. Assim, as ações integradas dos atores pertencentes a um dado SLP devem servir como catalisadores das soluções sustentáveis, otimizando os fluxos de materiais e energia que se distribuem ao longo da cadeia produtiva. Trata-se aqui de aproximar o sentido de funcionamento da economia local com o modo de operação dos ciclos da natureza, quando os recursos são utilizados eficientemente e não há geração de resíduos, conforme descrito nos modelos da Ecologia Industrial (BARROS; AMATO NETO, 2010a, 2010b, 2011).

Há, portanto, duas dimensões de análise para o *papel dos SLP no desenvolvimento sustentável local*. A primeira diz respeito aos itens relativos aos modelos e "ferramentas", que devem ser construídos segundo os princípios da sustentabilidade: eficiência na utilização dos recursos naturais, emissão zero, eco design, utilização de energia renovável, entre outros tipos de soluções que viabilizem tecnicamente a criação de *loops* nos processos produtivos e de consumo. Em vista disso, dois campos de atuação dos SLP são possíveis:

1. o primeiro é o de fomentar a gestão ambiental por meio dos diversos instrumentos disponíveis (normas, princípios, códigos), bem como por meio de ações cooperativas, como compras conjuntas, utilização comunitária de equipamentos, etc;

2. o outro campo é o de atuar na governança das cadeias produtivas das quais as empresas do SLP participam, de modo a identificar, propor e implementar soluções sustentáveis em todos os elos da cadeia de produção e consumo.

A segunda dimensão de análise se refere ao conhecimento organizacional e institucional necessário para a operação das atividades voltadas para o desenvolvimento sustentável. Para tanto, são necessárias ações em larga escala que envolvam diversos saberes relacionados ao desenvolvimento das cadeias produtivas e do consumo sustentável, como os relativos a educação ambiental, avaliação do ciclo de vida do produto, legislação e gestão ambiental, cooperação produtiva e de consumo, contabilidade ambiental, entre outros.

Essas ações são mais desafiadoras para os SLP, pois estão relacionadas com uma nova lógica que viabilizaria o funcionamento do sistema de produção-consumo de acordo com os princípios da Economia Circular e da Ecologia Industrial. A dificuldade fundamental está no fato de que as empresas organizadas em SLP não somente pertencem a diversos sistemas de produção--consumo, mas também estão posicionadas em diferentes fases desses sistemas. Nesse sentido, empresas-âncora (que detêm a governança de cadeias de valor) necessitam organizar cadeias de valores inteiras a fim de se criar interconexões com empresas de outras regiões, de tal modo que vários caminhos podem ser construídos para o fluxo contínuo de energia e materiais de acordo com os 4Rs (BEAMON, 1999).

Para tanto, ações tomadas localmente devem ser combinadas com redes verticais de empresas para que haja resultados benéficos para o meio ambiente tanto local quanto global. Assim, os sistemas de produção-consumo devem ser construídos por meio da integração de empresas voltada para o fechamento dos ciclos estabelecidos pelos 4R. Assim, essas redes verticais de empresas podem se transformar em Ecoparques Industriais via relações mercadológicas e/ou por meio de projetos específicos voltados para a concentração de atividades operacionais e complementares em uma determinada região geográfica (AMATO NETO et al., 2013). Outro importante projeto envolvendo as redes verticais de empresas e o SLP é a organização e gestão da logística reversa das cadeias de suprimentos que devem funcionar de acordo com os mecanismos de mercados em termos de custos, prazo de entrega e distribuição (BEHRENDT et al., 2003).

Nesse cenário fértil de programas e projetos para o desenvolvimento local, muitos gestores públicos e acadêmicos passaram a discutir, extensivamente, a importância de se fomentar o fortalecimento das aglomerações de empresas conhecidas como distritos industriais ou *clusters*. Tal aumento da eficiência das pequenas e microempresas deveu-se em grande parte aos avanços recentes das inovações tecnológicas, em particular na microeletrônica e nos meios de informação e comunicação, que potencializaram as práticas cooperativas, as alianças estratégicas e as redes internas e externas às empresas, conforme se observa nos *keiretsu* japoneses, nos *chaebol* sul-coreanos e no *guanxi*, em Taiwan. Também na América Latina, especialmente no Brasil e na Argentina, várias experiências vêm surgindo no sentido de formar aglomerações produtivas e redes de cooperação de pequenas e microempresas (AMATO NETO, 2009).

A partir desses exemplos de regiões internacionalmente reconhecidas pela sua alta competitividade e do trabalho pioneiro de Marshall, seguiu-se uma rica discussão teórica a respeito dos diversos aspectos relativos ao desenvolvimento e *modus operandi* das aglomerações produtivas, que, em função da abordagem, receberam diversas denominações: Distritos ou Polos Industriais, *Clusters*, Sistemas Inovativos e Produtivos Locais, Sistemas Locais de Produção (SLP) e Arranjos Produtivos Locais (APLs). Além das contribuições advindas do campo da organização industrial, autores ligados à economia industrial, geografia, estudos regionais e estratégias empresariais também contribuíram para o adensamento do debate (AMATO NETO; GARCIA, 2003).

Primeiro, destaca-se a chamada *Nova Geografia Econômica*, cujo maior expoente é Krugman (1991). A abordagem de Krugman baseia-se nas contribuições pioneiras de Marshall, em que se assume que as aglomerações resultam de causação cumulativa induzida pela presença de economias externas locais. Para esses autores, as economias externas têm caráter puramente incidental e a estrutura espacial da economia é determinada por processos de "mão invisível" operando forças centrípetas e centrífugas.

FORÇAS CENTRÍFUGAS	FORÇAS CENTRÍPETAS
Presença de externalidades negativas e deseconomias de escala (poluição, congestionamentos, preço dos imóveis)	Existência de boa infraestrutura logística (transporte, comunicação, serviços urbanos)
A região já ficou saturada da atividade	O SLP ainda está em crescimento
Guerra fiscal expulsa novos investimentos no local	Incentivos fiscais atraem novas empresas para o *cluster*
Falta de "insumos estratégicos" (mão de obra especializada; matérias-primas essenciais; energia, água, outros) disponíveis para novos empreendimentos na região	Outras externalidades positivas atraem novos investimentos (condições opostas às do lado esquerdo)

Quadro 2.1 Exemplos de forças centrífugas e centrípetas em um SLP
Fonte: Amato Neto e Garcia (2003).

Segundo a abordagem que enfoca a importância das *Estratégias das Empresas*, cujo principal autor é Porter (1998), nessa linha analítica é enfatizada a importância de economias externas geograficamente restritas, também de caráter incidental. Entre elas destacam-se as concentrações de habilidades e conhecimentos altamente especializados, instituições, rivais, atividades correlatas e consumidores sofisticados. Nesse sentido, as estratégias locacionais são parte integrante das estratégias mais gerais definidas no âmbito dos negócios e são as forças de mercado que determinam o desempenho dos produtores aglomerados. Em termos de políticas públicas, esses autores apontam que o governo deve prover educação, infraestrutura física e regras de concorrência sem, no entanto, atuar como um agente ativo na promoção do desenvolvimento local.

O terceiro conjunto de autores é aquele ligado à *Economia Regional*, entre os quais se destaca o trabalho de Scott (1995). Para esse autor, há uma forte interligação entre a geografia econômica e o desempenho industrial, dada a existência de forças incidentais e de mercado para a formação de densos sistemas locais. No entanto, um elemento que diferencia essa abordagem das anteriores é o reconhecimento da importância da coordenação extra mercado e das políticas públicas, que têm papel essencial na construção de vantagens competitivas localizadas.

Em quarto lugar, é apontada a abordagem da *Economia da Inovação*, em que se destaca o trabalho de Awudretsch e Feldman (1996) e Gottardi e Belussi (2000). Segundo esses autores, seguindo a tradição neo-schumpeteriana, que destaca a importância dos processos de aprendizado interativo, a proximidade local facilita o fluxo de informação e os *spill-overs* de conhecimento. Reconhece-se portanto que a proximidade entre as empresas e universidades, centros de pesquisa, instituições de ensino e de prestação de serviços aos produtores exerce papel importante na geração de vantagens competitivas diferenciais ao conjunto dos produtores aglomerados. Assim, atividades econômicas baseadas em novos conhecimentos têm grande propensão a aglomerar-se dentro de uma dada região geográfica.

Por fim, destaca-se a abordagem da *Eficiência Coletiva*, que se pauta fundamentalmente nos trabalhos de Schmitz (1997). Essa abordagem, que tem como uma das suas grandes virtudes a elevada abrangência, foi largamente utilizada em diversos estudos aplicados realizados no Brasil (veja-se, nesse sentido, Tironi (2001)). Além das economias externas locais incidentais ou espontâneas, existem também forças deliberadas que intensificam a capacidade competitiva das empresas. Essas forças deliberadas provêm da cooperação, conscientemente buscada entre agentes privados, e do apoio do setor público. O conceito de eficiência coletiva, nesse sentido, combina os efeitos espontâneos (ou não planejados) àqueles conscientemente buscados (ou planejados), e é definida como a vantagem competitiva derivada das economias externas locais e da ação conjunta.

Com esse aprofundamento das abordagens e discussões conceituais, os governos de diversos países passaram a adotar o fortalecimento das aglomerações produtivas como um dos principais objetivos das políticas públicas voltadas para o desenvolvimento local. No Brasil, importantes órgãos vinculados às três esferas de governo constituíram diversos programas e projetos para o fomento dos Arranjos Produtivos Locais (APL), dos quais cabe destacar as atuações do Ministério da Indústria, Comércio Exterior e Serviços (MDIC), do Serviço Brasileiro de Apoio às Micro e Pequenas Empresas (SEBRAE) e do Banco Nacional de Desenvolvimento Econômico e Social (BNDES). Estas instituições públicas realizam tanto o mapeamento dos APL quanto o financiamento de projetos, mas cabe ao MDIC o papel de articular nacionalmente as diversas instituições de apoio; ao SEBRAE a integração dos atores locais e a gestão dos projetos; e ao BNDES a realização de estudos técnicos e conferências.

Como resultado das intervenções do governo brasileiro na evolução dos *clusters* podemos dizer que houve um aumento da competitividade das empresas participantes especialmente a partir de ações voltadas para a redução de custos e/ou expansão dos mercados, entre as quais podemos citar a qualificação da mão de obra; o acesso a mais linhas de financiamento; a reestruturação organizacional; a realização de projetos de inovação; a formação de consórcios de exportações; e o aprendizado coletivo. Desse modo, segundo

Amato Neto (2009), muitos *clusters* puderam chegar ao estágio da maturidade, na qual um *cluster* atinge a estabilidade institucional, comercial, ambiental e social. Uma vez que o *cluster* tenha feito uso de sua condição de embrião, conseguiu estabelecer sua rede de cooperação para se tornar emergente e passou pelo processo de expansão, ganhando notoriedade em escala nacional, ele amadurece.

De uma forma geral, é nesse momento que aparece a dimensão ambiental, pois um *cluster* maduro deve estar completamente em sintonia com a comunidade para que este apoio continue a garantir o crescimento do arranjo produtivo. Neste sentido, um *cluster* ou SLP maduro deve revelar, conforme iremos discutir na próxima seção, um alto grau de responsabilidade social, dado os efeitos multiplicadores e os impactos socioambientais de suas atividades produtivas.

Sustentabilidade nos SLP

As aglomerações de empresas em determinados locais é um fenômeno que, como visto anteriormente, tem sido analisado por diversas vertentes de autores e sob diferentes abordagens. Ao mesmo tempo, estudos empíricos (AMATO NETO, 2009) têm mostrado um amplo conjunto de casos com particularidades e idiossincrasias em relação a determinados modelos de cooperação inter empresarial puros, levando a resultados que apontam a necessidade de se complementar tais modelos com novos aspectos relevantes para o entendimento da origem e desenvolvimento dos SLP. Nesse sentido, as discussões em torno do desenvolvimento sustentável podem contribuir também para jogar luz sobre temas importantes relacionados aos SLP, entre os quais se destacam o seu posicionamento nas cadeias de valores e o papel das instituições locais na criação de regiões que tenham como prioridade não apenas o desenvolvimento econômico, mas também busquem a melhoria das condições sociais e ambientais (*social and environmental friendly*).

As empresas inseridas em SLP são, por definição, do mesmo ramo de atividade e em geral possuem fornecedores de primeira camada localizados de forma próxima, assim como está disponível para essas empresas uma oferta local de mão de obra qualificada e de serviços de apoio. Dessa forma, o adensamento da cadeia produtiva em um SLP pode significar tanto o aumento da agregação de valor pelas empresas participantes quanto o investimento local em novos elos da cadeia produtiva, resultando em impactos positivos em termos de governança, geração de emprego e renda. Ao mesmo tempo, com o maior controle das etapas de produção surgem também oportunidades para a implementação de ações que contribuam para a redução de resíduos, a otimização de gastos com energia e a eliminação de impactos ambientais negativos, a partir da criação de *loops* que levem à redução do uso de recursos naturais e ao aumento do ciclo de vida dos produtos, conforme os princípios da Ecologia Industrial (BARROS; AMATO NETO, 2011) que serão discutidos nas próximas seções.

Ou seja, as ações dos SLP devem atuar como catalisadoras das soluções sustentáveis nas cadeias produtivas bem como das iniciativas voltadas para a redução dos desequilíbrios ambientais. Trata-se aqui de aproximar o sentido de funcionamento da economia local do modo de operação dos ciclos da natureza, onde os recursos são utilizados eficientemente e não há geração de resíduos, conforme a analogia proposta pela Ecologia Industrial.

Há, portanto, duas dimensões de análise para o papel dos SLP no desenvolvimento sustentável. A primeira diz respeito aos itens relativos ao "*hardware*" ou engenharia de produção que devem ser construídos segundo os princípios da sustentabilidade: eficiência na utilização dos recursos naturais, emissão zero, eco design, utilização de energia renovável, entre outros tipos de soluções que viabilizem tecnicamente a criação de *loops* nos processos produtivos e de consumo. Em vista disso, dois campos de atuação dos SLP são possíveis: o primeiro é o de fomentar a gestão ambiental por meio dos diversos instrumentos disponíveis (ISO14000, produção + limpa) bem como por meio de ações cooperativas, como compras conjuntas, utilização comunitária de equipamentos etc. O outro campo é o de atuar na governança das cadeias produtivas das quais as empresas do SLP participam, de modo a identificar, propor e implementar soluções sustentáveis em todos os elos da produção e do consumo.

A segunda dimensão de análise se refere ao "*software*" ou rede de cooperação necessária para a sustentabilidade do desenvolvimento local, uma vez que as questões ambientais exigem soluções sistêmicas e contínuas que ultrapassam a adoção unilateral de processos ou produtos "verdes" (*hardware*). Para tanto, são necessárias ações em larga escala que envolvam diversos aspectos do desenvolvimento das cadeias produtivas e do consumo sustentável, como a difusão do conhecimento e da inovação, a educação ambiental, a cooperação produtiva e de consumo, entre outros itens institucionais que organizem o funcionamento da ecoeconomia ou economia circular. Os SLP podem, portanto, catalisar tais ações redirecionando os instrumentos utilizados para o aumento da competitividade, no sentido de valorizar o estoque de capital natural local e consequentemente melhorar a qualidade de vida da população.

Desse modo, as combinações das atividades relativas a estas dimensões "*software*" e "*hardware*" dos SLP devem atuar nos relacionamentos entre empresas e entre atores locais por meio de conexões simbióticas que, ao longo do tempo, otimizam a utilização dos recursos naturais, aumentam a eficiência produtiva e expandem o emprego.

Como poderá ser visto a seguir, os Ecoparques são exemplos de tais SLP verdes, que são concebidos levando-se em consideração os princípios do ecoindustrial desenvolvimentismo, cujo campo de análise abrange as parcerias bem definidas ao nível de uma empresa em particular e as conexões circulares em áreas industriais locais ou regionais independentes, como as redes de produção e os SLP.

2.2 Simbiose industrial

Nas palavras de Frosch e Gallopoulos (1989, p. 144), simbiose industrial é quando "os resíduos de um processo industrial podem servir de matéria-prima para outro, reduzindo assim o impacto da indústria no meio ambiente". Baseado nessa definição, Chertow e Ehrenfeld (2012, p. 13) simplificam colocando que "os resíduos de uma empresa podem se tornar a matéria-prima de outra empresa".

Segundo Zhang et al. (2014, p. 1) é possível traçar a origem do termo Simbiose Industrial apresentando a evolução do conceito até chegar ao entendimento moderno sob o termo de Simbiose Industrial (Figura 2.2).

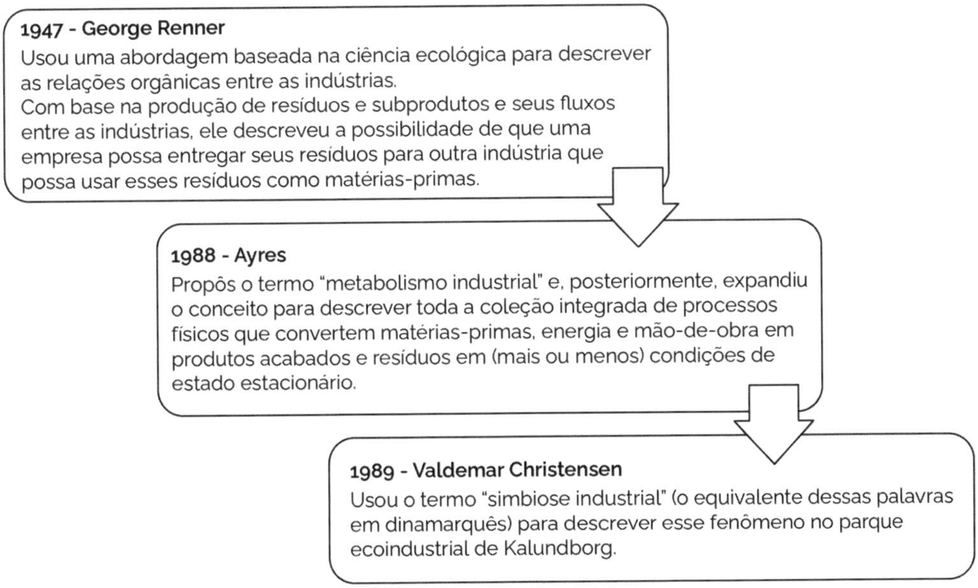

Figura 2.2 A evolução do conceito até o termo "Simbiose Industrial".
Fonte: Baseado em Zhang et al. (2014, p. 1).

Cabe observar o caráter interdisciplinar dos trabalhos iniciais relacionados ao conceito de *Ecologia Industrial (EI)*, na medida em que houve diversas contribuições de físicos, biólogos, geólogos, engenheiros e economistas reunidos em grupos de pesquisas voltados para a realização de análises e estudos das estruturas industriais de seus respectivos países (EHRKMAN, 1997). O primeiro desses grupos foi criado no Japão no início da década de 1970, com o objetivo de propor políticas industriais para reduzir a dependência da economia japonesa em relação à escassez de matérias-primas (WATANABE, 1972). Por outro lado, na Bélgica, também nos anos de 1970, diversos pesquisadores que participavam do governo socialista utilizaram o conceito de EI para propor uma visão da economia com base nos fluxos de materiais e energia em vez do tradicional fluxo monetário (BILLEN, 1983).

Esses estudos e experiências nacionais com a aplicação do conceito de EI em políticas industriais não tiveram repercussões significativas nas comunidades acadêmicas e de negócios, o que configurou um claro ceticismo em relação ao poder explicativo e analítico dessa nova visão do funcionamento das atividades produtivas, que tem como referência a ciência dos ecossistemas (EHRKMAN, 1997). Entretanto, ao longo dos anos 1980, após a ocorrência de desastres ambientais de grandes proporções e a divulgação de indicadores que mostravam fortes mudanças climáticas, houve um intenso debate nos fóruns internacionais que culminou com o *Relatório Brundtland* e a mais conhecida definição do que é desenvolvimento sustentável. Nesse contexto, um artigo publicado na revista *Scientific American* (FROSCH; GALLOPOULOS, 1989) reacendeu o interesse pelo poder analítico da EI de tal modo que se seguiu a realização de uma miríade significativa de trabalhos no meio tanto acadêmico quanto empresarial (EHNREFELD, 2004).

ANO	AUTOR(ES)	PUBLICAÇÃO	TEMA
1969	Ayres, R.U. & Kneese, A.V.	Production, Consumption, and Externatilities	Metabolismo industrial e fluxos de matéria e energia
1972	Watanabe, C.	Industrial Ecology: Introduction of ecology into industrial policy	A EI como eixo de política industrial
1977	Cloud, P.	Entropy, materials and posterity	Primeira publicação em Congresso Científico
1983	Billen et al.	L'ecosysteme Belgique essai d'ecologie industrielle	Análise Macroeconômica com base na EI
1989	Frosch, R.A. & Gallopoulos, N.E.	Strategies for Manufacturing	Simbiose e ecossistemas industriais
1992	Tibbs, H.	Industrial Ecology: an Environmental Agenda for Industry	EI como ferramenta gerencial
1995	Graedel, T. & Allenby, B.R.	Industrial Ecology	Primeiro livro-texto
1995	Gertler, N.	Industrial Ecosystems: Developing Sustainable Industrial Structures	Organização industrial a partir da EI
1997	Lowe, E.A.	Creating byproduct resource exchange: Strategies for ecoindustrial parks	Ecoparques industriais
2000	Ed Cohen-Rosenthal	A Walk on the Human Side of Industrial Ecology	Estratégias organizacionais

Quadro 2.1 Ecologia industrial, autores iniciais

Ao lado do artigo de Frosch & Gallopoulos, ganha destaque o papel desempenhado pela National Academy of Engineering (NAE) dos Estados Unidos da América ao realizar um grande número de congressos e programas associados aos princípios da EI. Braden Allenby, além de ter apresentado a primeira tese de doutorado em EI no ano de 1992, após ter sido bolsista de um desses programas, o *NAE Technology and Environment Program*, publicou, em 1995, o primeiro livro-texto sobre EI junto com Thomas Graedel, que, por sua vez, em 1997, veio a se tornar o primeiro professor de EI dos Estados Unidos da América, na Yale University. Nesse mesmo ano de 1997, a NAE contribuiu, tanto institucional quanto financeiramente, para a criação do *Journal of Industrial Ecology*, um periódico que pode ser considerado o marco do reconhecimento, pela comunidade acadêmica, da EI como campo de pesquisa. Da mesma forma, ao reproduzir as ideias do artigo de Frosch para uma linguagem e retórica apropriadas ao meio empresarial, Tibbs (1992) mostrou também que a EI pode abrir amplos horizontes para uma abordagem sistêmica das práticas de gestão ambiental.

Com as possibilidades de pesquisas novamente abertas e, dessa vez, com o apoio tanto da academia quanto dos empresários, um grande número de temas específicos passou a ser discutido, tendo a EI como referencial teórico, entre os quais estão o da simbiose industrial (GERTLER, 1995) e o do ecoparque industrial (LOWE, 1997). Outros temas que estavam sendo pesquisados há décadas passaram, também, a ser reinterpretados com base no *framework* da EI, como: a disponibilidade e uso dos recursos; a produtividade dos recursos; a desmaterialização; a descarbonização; a economia de serviços e de funcionalidade; e as estratégias organizacionais para a sustentabilidade.

Em relação aos seus conceitos básicos, a EI utiliza o princípio de *isomorfismo*, da teoria geral dos sistemas (BERTALANFFY, 1977), ao considerar que existe uma analogia entre o metabolismo de alimentos, observado nos ecossistemas naturais, e os sistemas econômicos, representados pelos estágios de processamento industrial e consumo, na medida em que, em ambos os sistemas, criaturas vivas transformam recursos naturais em produtos úteis. Entretanto, enquanto nos sistemas ecológicos os fluxos de materiais e energia são otimizados, nas atividades humanas de produção e consumo existem desequilíbrios derivados do não fechamento de ciclos, resultando na depleção de recursos naturais e na produção de uma extraordinária acumulação de resíduos.

Nesse sentido, a EI pode ser definida como a área de estudos dos fluxos de materiais e energia e das etapas de sua transformação em produtos, subprodutos e resíduos ao longo das cadeias de produção e consumo (CHERTOW, 2007; AYRES; AYRES, 2002). Essa definição primária mais a perspectiva sistêmica da ecologia associada com a complexidade da organização de comunidades definem a base conceitual da EI em um sentido mais amplo. Portanto, a EI também busca identificar e propor modelos de relacionamentos sustentáveis entre produtores e entre eles e os ecossistemas naturais (COHEN--ROSENTHAL, 2003). Com base nessa definição conceitual de EI, Graedel e Lifset (2002) destacam os seguintes tópicos de seu corpo teórico:

- **Analogia com a Biologia:** capacidade de auto-organização e resiliência dos ecossistemas e do sistema econômico; hipótese de relacionamento simbiótico entre empresas e fechamento das cadeias de produção e consumo.
- **Uso da perspectiva sistêmica:** avaliação do ciclo de vida do produto, análise dos fluxos de material e energia, modelagem e uso de análises sistêmicas e pesquisas multi e interdisciplinares.
- **Papel da inovação tecnológica:** *design* sustentável; logística reversa; reúso; reciclagem e remanufatura.
- **Relacionamentos interempresariais:** comportamentos proativos e cooperativos, estratégias organizacionais para o desenvolvimento sustentável e difusão das inovações tecnológicas "verdes".
- **Desmaterialização e ecoeficiência:** aumento da produtividade do uso de recursos naturais, descarbonização e controle da poluição.
- **Pesquisas e práticas com visão de futuro:** incertezas e princípios da prevenção e da precaução.

Cada um desses temas pode ser agrupado em um *framework* de acordo com os seguintes domínios de operação da EI: firma, interfirmas, regional global e empresarial/local (ver Figura 2.3). Dessa forma, podem ser identificados e diferenciados os elementos da EI que dependem de iniciativas individuais, como o *design* sustentável do produto e aqueles que estão relacionados às atuações conjuntas das empresas de um setor e/ou um espaço geográfico, como é o caso da construção dos eco parques industriais e das ações coletivas dos sistemas locais de produção (SLP), que veremos nas próximas seções. Ao mesmo tempo, e em fase com essas iniciativas tanto no âmbito da firma quanto do grupo de firmas, posicionam-se os movimentos amplos das sociedades regionais e globais voltados para a redução dos impactos negativos das atividades econômicas sobre a biocapacidade do planeta Terra, que podem ser monitorados por indicadores de sustentabilidade, como os relativos a: desmaterialização, descarbonização, pegada ecológica[2] e mobilidade urbana.

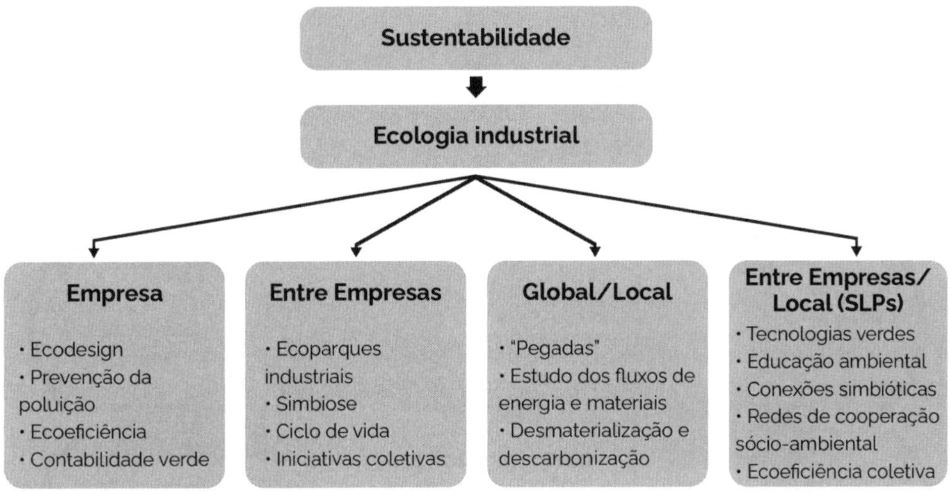

Figura 2.3 Modelo de referência da Ecologia Industrial.

Em todos os temas elencados, as organizações empresariais têm um importante papel a desempenhar, seja na gestão ambiental dos recursos produtivos de forma ecoeficiente e socialmente responsável, seja por meio de relacionamentos simbióticos com outras empresas e/ou com os demais atores sociais. Tal posicionamento estratégico tem evoluído nos últimos anos a partir da disponibilização de novas ferramentas gerenciais e de recursos humanos e físicos mais alinhados com a sustentabilidade. Além disso, a sociedade civil organizada tornou-se mais crítica em relação aos impactos socioambientais causados pelas atividades produtivas, resultando na formação de ativos intangíveis relevantes para as empresas, como sua reputação e postura ética em relação aos *stakeholders*.

2 "Pegada Ecológica" é um termo utilizado para se referir à carga sobre o meio ambiente a partir das atividades de produção e consumo. (CECHIN; VEIGA, 2010)

Em síntese, os estudos clássicos sobre aglomerações produtivas indicam que ganhos de eficiência coletiva (competitividade) resultam no aumento do emprego e da renda na economia local. Tais resultados estão associados à dimensão econômica da sustentabilidade (economia convencional) e, portanto, não abrangem as demais dimensões (social e ambiental). Dessa forma, ao se levar em conta tais dimensões, as análises das aglomerações produtivas evoluem com a incorporação de temas da Economia Ecológica e da Ecologia Industrial, como os ciclos 4R (reprocessar, recondicionar, reciclar e revender) e a integração dos processos produtivos (logística reversa) dos ecoparques (PIE).

Figura 2.4 Inter-relação dos conceitos.

2.2.1 Como diferenciar SI de trocas simples

Apesar de o termo "troca" ser a base dos conceitos e das abordagens sobre simbiose (CHERTOW, 2000; SARACENI et al., 2017; TUDOR; ADAM; BATES, 2007; ZHANG et al., 2014), a existência dela por si só não é suficiente para caracterizar uma relação simbiótica. Com o intuito de distinguir a simbiose industrial de outros tipos de trocas, Chertow (2007, p. 12), adotou a "heurística 3-2" como critério mínimo para fazer essa distinção (Figura 2.5). No entendimento dos autores, é requisito que pelo menos três entidades diferentes estejam envolvidas na troca, e ainda essa troca deve envolver pelo menos dois recursos diferentes. Ao atender a esses dois critérios de decisão, a interação de troca pode ser considerada como um tipo básico de simbiose industrial.

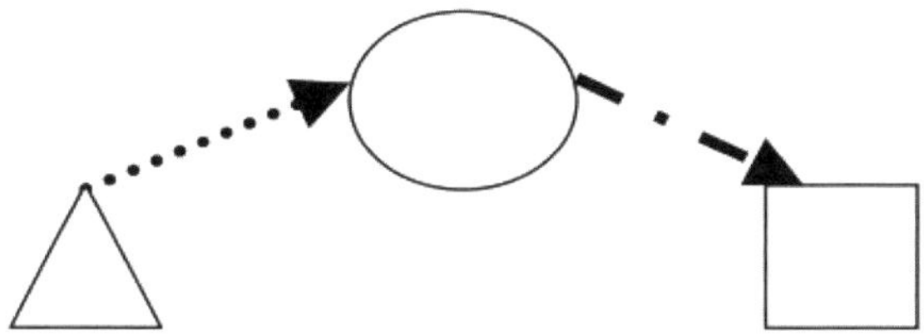

Figura 2.5 Exemplo de representação da "heurística 3-2"
Fonte: Chertow (2007, p. 12).

De acordo com Chertow e Ehrenfeld (2012) essa "heurística 3-2" coloca destaque na necessidade de lidar com vários atores em um sistema complexo em vez de uma série de transações unidirecionais.

2.2.2 Simbiose Industrial em um parque industrial tradicional e em um ecoparque

Na visão que Ribeiro et al. (2018) desenvolvem sobre a interação dentro de um parque industrial de médio porte típico da Europa, as categorias de atores que desenvolvem interações mais fortes entre o parque e as áreas circundantes são a indústria, os trabalhadores e os transportes. O papel da indústria nesse sistema é adquirir as matérias-primas (ou materiais transformados) e energia de outras empresas e transformá-las em produtos que podem ser utilizados por outras indústrias ou então vendidos aos consumidores.

Na Figura 2.6 (a), é possível visualizar a representação desse sistema e as interações que ocorrem dentro de um parque industrial tradicional. A falta de processos simbióticos faz com que a energia e os materiais sejam descartados fora do parque. Nesse cenário, os raros processos simbióticos estão restritos a alguns processos internos em que as indústrias reutilizam energia e/ou materiais de resíduos, já entre a simbiose entre indústrias e áreas urbanas é praticamente inexistente.

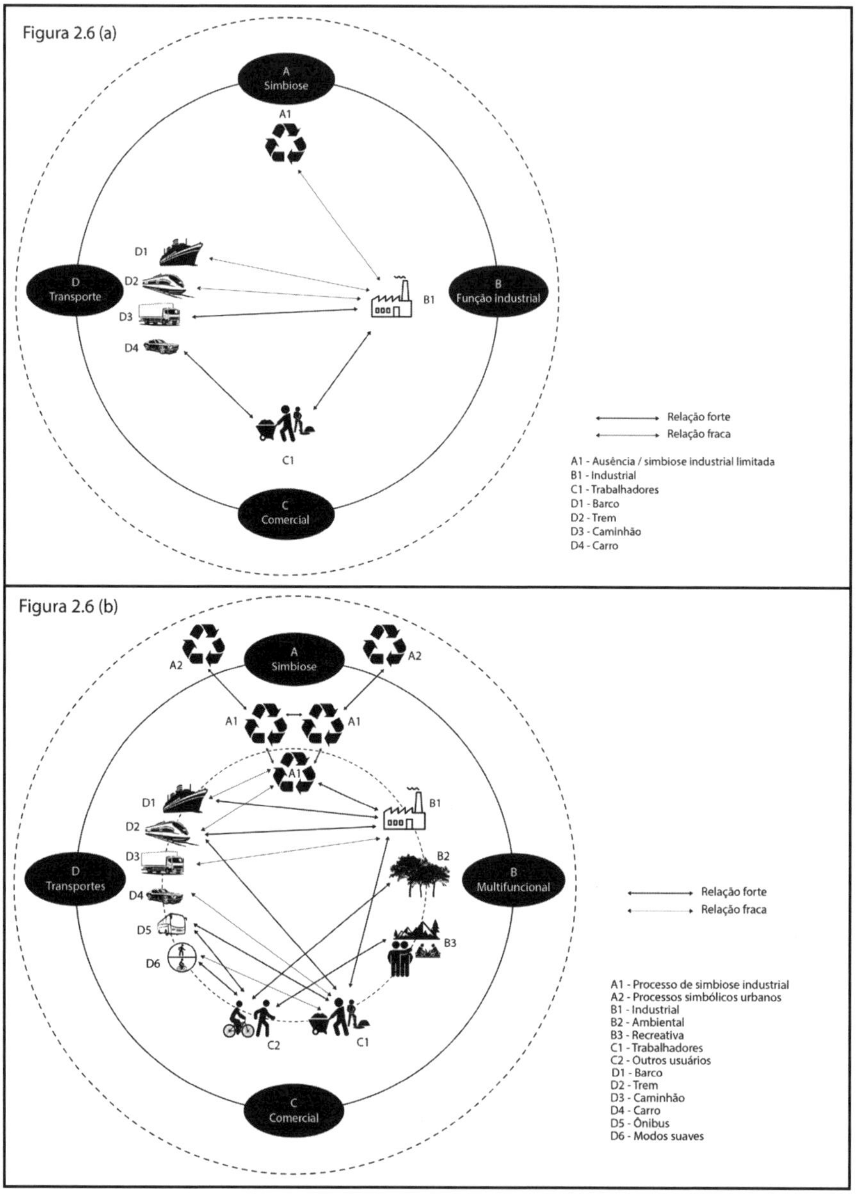

Figura 2.6 (a) SI em um parque industrial convencional; (b) SI em um PIE.

Fonte: Adaptado de Ribeiro et al. (2018, p. 199).

No entanto, a Figura 2.6 (b) ilustra como ocorrem as interações com os novos componentes ambientais, espaciais e sociais no sistema. A integração territorial que ocorre dentro do parque industrial e a melhoria dos processos simbióticos estão vinculados à adoção de um conceito voltado para a melhoria do desempenho ambiental dentro desse sistema.

Observando a Figura 2.6 (b), é notório que, para um parque industrial tradicional se configurar como um PIE, os processos de simbiose entre as empresas (A1) e entre eles e as áreas urbanas (A2) devem ser aprimorados. Para tanto, uma opção é a instalação de empresas no parque que se responsabilizem pela coleta e transformação dos materiais, subprodutos ou resíduos de forma a possibilitar que nova utilização por outras empresas (LIU; CÔTÉ; ZHANG, 2015; RIBEIRO et al., 2018).

De acordo com Côté e Cohen-Rosenthal (1998), diversos autores (CÔTÉ et al., 1995; LOWE; WARREN, 1996; PECK AND ASSOCIATES AND DALHOUSIE UNIVERSITY, 1997; PRESIDENT'S COUNCIL ON SUSTAINABLE DEVELOPMENT, 1997; RESEARCH TRIANGLE INSTITUTE AND INDIGO DEVELOPMENT INTERNATIONAL, 1994) fizeram suas contribuições na tentativa de definir as características essenciais dos parques ecoindustriais. Nesse sentido, Côté e Cohen-Rosenthal (1998) propõem 11 atividades que um parque ecoindustrial exerce diferente de um parque industrial tradicional. Assim um PIE:

1. delimita a comunidade de interesse e envolve essa comunidade no *design* do parque;
2. reduz o impacto ambiental ou a pegada ecológica por meio da substituição de materiais tóxicos, absorção de dióxido de carbono, trocas de materiais e tratamento integrado de resíduos;
3. maximiza a eficiência energética por meio do projeto das instalações (fábrica) e cogeração de energia;
4. conserva materiais por meio do projeto e construção de instalações, reutilização, recuperação e reciclagem;
5. conecta redes de empresas com fornecedores e clientes na comunidade em que o parque ecoindustrial está situado;
6. melhora continuamente o desempenho ambiental das empresas individuais e da comunidade como um todo;
7. possui um sistema regulatório que permite alguma flexibilidade, incentivando as empresas a atingir as metas de desempenho;
8. utiliza instrumentos econômicos que desestimulem o desperdício e a poluição;
9. emprega um sistema de gerenciamento de informações que facilite o fluxo de energia e materiais dentro de um ciclo mais ou menos fechado;

10. cria um mecanismo que procura treinar e educar gerentes e trabalhadores sobre novas estratégias, ferramentas e tecnologias para melhorar o sistema;

11. orienta seu marketing a atrair empresas que preencham nichos e complementem outros negócios.

2.2.3 Estudos sobre simbiose industrial

O estudo de Mattila et al. (2012) buscou explorar as questões metodológicas encontradas na aplicação da Avaliação do Ciclo de Vida (ACV) às várias questões de pesquisa oriundas de estudos de SI. Esta pesquisa identificou cinco grupos básicos de questões de pesquisas nos quais os estudos de SI podem ser classificados, são eles: análise (contabilidade), melhoria, expansão, design e economia circular (Quadro 2.2).

GRUPO	QUESTÕES DE PESQUISA ABORDADAS	EXEMPLOS
1. Análise (contabilidade)	- Quais são os impactos de uma dada simbiose industrial? - Existem benefícios da cooperação, sob a forma de impactos ambientais menores do que para plantas isoladas (forma tradicional)? - Quais são os limites relevantes da simbiose em diferentes análises?	Albino et al., 2003; Ashton 2009; Chertow e Lombardi 2005; Jacobsen 2006; Karlsson e Wolf 2008; Korhonen e Niutanen 2003; Lambert e Boons 2002; Sendra et al. 2007; Sokka et al. 2011b
2. Melhoria	- Quais partes do sistema devem ser melhoradas e de que forma?	Geng et al. 2007; Gibbs e Deutz 2007; Kim et al. 2010; Kincaid e Overcrash 2001; Mirata e Emtairah 2005; Shi et al. 2010; Sokka et al. 2011b; Sterr e Ott 2004; Van Berkel et al. 2009; Wolf et al. 2007; Yuan e Shi 2009
3. Expansão	- O que acontece com os impactos ambientais do sistema quando o PIE se expande? - Novos processos devem ser incluídos?	Andersson et al. 2006; Pakarinen et al. 2010; Park et al. 2008; Wolf et al. 2007
4. Projeto (design) das plantas	- A abordagem de simbiose industrial proporciona benefícios em relação a outras opções de design de plantas?	Chiu e Yong 2004; Côté and Cohen-Rosenthal 1998; Fang et al. 2007; Gibbs e Deutz 2005; Heeres et al. 2004; Kincaid e Overcrash 2001; Lowe e Evans 1995; Mirata e Emtairah 2005; Roberts 2004; Sterr e Ott 2004; Van Leeuwen et al. 2003; Wright et al. 2009; Zhang et al. 2010
5. Economia circular	- Quais são os impactos ambientais de uma economia circular? - Que tipos de mudanças sistêmicas essa mudança causaria?	Fang et al. 2007; Geng et al. 2009; Liu et al. 2009; Park et al. 2010; Yuan et al. 2006; Zhu et al. 2010

Quadro 2.2 Questões de pesquisa abordadas em estudos de simbiose industrial
Fonte: Mattila et al. (2012, p. 53).

A partir desses resultados pode-se entender que a simbiose industrial foi estudada para diversos fins, desde a identificação de opções de melhoria até a generalização dos resultados ao nível macroeconômico. O desempenho ambiental global dos contextos individuais difere muito, assim como os métodos necessários para sua análise (MATTILA et al., 2012).

2.2.4 O surgimento do Ecoparque Industrial (PIE)

Segundo um dos principais autores do tema PIE (LOWE, 2001), os atributos de tais organizações excedem bastante as características de empreendimentos voltados para algum aspecto específico da sustentabilidade, como: intercâmbio de subprodutos ou rede de trocas; *cluster* de empresas de reciclagem; conjunto de empresas de tecnologia ambiental; conjunto de empresas que fazem produtos verdes; parque industrial projetado em torno de um único tema ambiental (*e.g.*, parque de energia solar), localidade com infraestrutura e construção sustentável e espaços físicos de uso misto (industrial, comercial e residencial). Assim, diferentemente do que é difundido em muitos meios empresariais e acadêmicos, os projetos de PIE com SI de segunda geração possuem características de operação bastante complexas e abrangentes, pois envolvem a participação de todos os atores sociais de uma dada região bem como a reorganização de sua estrutura produtiva na direção dos resultados anteriormente apontados.

Portanto, é sob o contexto da Economia Ecológica e sob o enfoque da ecologia/simbiose industrial que se destaca o conceito de Ecoparque Industrial (PIE).

Um PIE, como definiu o Conselho dos Estados Unidos para o Desenvolvimento Sustentável (1997),

> é uma comunidade de negócios que cooperam entre si e com a sociedade local para compartilhar recursos de forma eficiente (informação, energia, água, materiais, infra-estruturas e recursos naturais) levando a ganhos econômicos, ganhos na qualidade do meio ambiente, e à equidade dos recursos humanos nos negócios e na comunidade local (US President's Council on Sustainable Development, 1997).

No sentido de conjugar as vantagens competitivas das aglomerações de empresas às potencialidades ambientais que estes podem gerar, surgiu o conceito de simbiose industrial. É definida como o engajamento de indústrias originalmente isoladas em uma formação coletiva, em busca de vantagens competitivas da proximidade geográfica, por meio da troca física de materiais, energia, água e subprodutos (CHERTOW, 2000, p. 314). A origem deste conceito está nas ideias de Frosch e Gallopoulos (1989), que vislumbraram ecossistemas industriais que otimizassem o consumo de energia e matéria, de forma que os resíduos gerados por um processo produtivo fossem logo incorporados como matéria-prima para outro processo, fechando o ciclo.

O próximo capítulo apresentará diferente tipos de classificações para os PIE. Essas classificações, propostas por diferentes autores, são definidas com base em diferentes critérios. Além das classificações, são apresentados também exemplos típicos de cada tipo de PIE.

2.3 Tipos de Ecoparques Industriais

No estudo de Chertow (2000), está inserida a visão mais ampla de Lowe, Moran e Holmes (1995) na qual um PIE não se resume a:

1. um padrão de trocas simples de subproduto ou uma rede de trocas;
2. um *cluster* de negócios de reciclagem (recuperação de recursos ou empresas de reciclagem);
3. uma coleção de empresas de tecnologia ambiental;
4. uma coleção de empresas que produzem produtos verdes;
5. um parque industrial projetado em torno de um único tema ambiental (ou seja, um parque movido a energia solar);
6. um parque com infraestrutura ou construção ambientalmente correta;
7. um desenvolvimento de uso misto (industrial, comercial e residencial).

Portanto, tendo em vistas as diferentes características e modelos de PIE, Zhang et al. (2014, p. 6) identificaram vários temas comuns e *insights* úteis de sistemas de classificação dos PIE com base em uma revisão da literatura, propondo o sistema de classificação mostrado na Figura 2.7.

Para Zhang et al. (2014, p. 6), apesar de o sistema proposto não ser definitivo, acredita-se "que ele representa um ponto de partida útil para o desenvolvimento de sistemas futuros, especialmente se a decisão em cada ponto de ramificação do fluxograma puder ser baseada em critérios quantitativos, em vez de qualitativos".

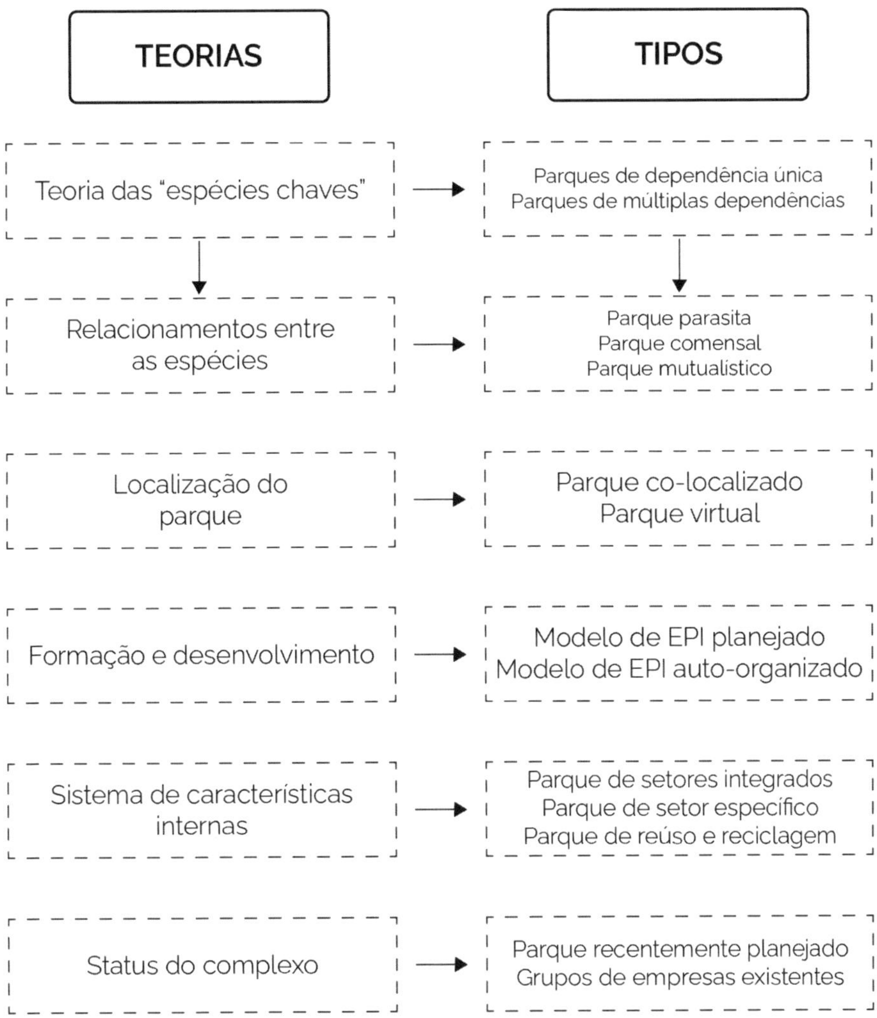

Figura 2.7 Sistema de classificação de PIE que inclui teorias e nomes de diferentes tipos.
Fonte: Zhang et al. (2014, p. 6).

Os próximos capítulos apresentarão um resumo das várias classificações, os tipos de parques que podem ser definidos com base em cada critério de classificação e exemplos típicos de cada tipo de simbiose industrial de todo o mundo. Em resumo, os diferentes tipos de simbiose industrial foram categorizados principalmente com base em julgamentos subjetivos e qualitativos.

2.3.1 Baseado na evolução das trocas de materiais

O modelo de classificação proposto por Chertow (2000) surgiu de um estudo realizado entre 1997 e 1999, o qual buscou, detalhadamente, analisar 18 potenciais PIE. A partir desses casos foi proposta uma taxonomia de 5 diferentes tipos de troca de material, na busca de suprir a necessidade de se considerar diferentes modelo de PIE para que se pudesse analisar de forma organizada os projetos industriais de trocas de materiais. Estes tipos de trocas de materiais estão apresentados no Quadro 2.3, junto a uma breve explicação.

CLASSIFICAÇÃO	DESCRIÇÃO
TIPO 1 Através de troca de resíduos	Os materiais recuperados são vendidos ou cedidos por terceiros a outras empresas ou organizações
TIPO 2 Dentro de uma instalação, empresa ou organização	Geralmente troca de mão única. Esse tipo inclui troca de material ou produto dentro de uma única organização, mas entre unidades/setores diferentes.
TIPO 3 Entre empresas colocalizadas em uma área industrial definida	Este tipo inclui materiais, resíduos ou troca de energia entre organizações nas proximidades. As trocas ocorrem primariamente no interior da área industrial.
TIPO 4 Entre empresas próximas não localizadas no interior de um mesmo PIE	Conectando empresas existentes com a oportunidade de incorporar algumas novas ao PIE.
TIPO 5 Entre as empresas organizadas em uma região mais ampla	Este tipo inclui trocas em uma ampla região espacial e um maior número de empresas. Esses tipos de PIE ainda não são conhecidos, embora algumas trocas virtuais tenham sido estudadas.

Quadro 2. 3 Tipos de parques ecoindustriais de acordo com a sua área geográfica e de interconexões
Fonte: Baseado em Chertow, 2000.

Cabe destacar que o Tipo 1 está longe da definição de simbiose industrial, enquanto os Tipos 3-5 vão ao encontro do conceito de SI oferecendo abordagens que podem ser facilmente identificadas como simbiose industrial (CHERTOW, 2000).

Os 12 projetos de PIE que podem ser considerados como simbiose industrial (Tipos 2-5) discutidos no estudo de Chertow (2000) estão identificados no Quadro 2.4.

TIPO	EXEMPLO	LOCALIZAÇÃO
Tipo 2	EBARA Corporation	Fujisawa, Japan
	Fluxo de computadores pessoais em Yale University	Yale University
Tipo 3	Monfort Boys Town, Integrated Biosystem	Suva, Fiji
	Londonderry Eco-Industrial Park	New Hampshire
	Riverside Eco-Park	Burlington, Vermont
	Red Hills EcoPlex	Choctaw County, Mississippi
	Burnside Industrial Park	Dartmouth, Nova Scotia
Tipo 4	Kalundborg	Dinamarca
	AES Corporation, Guayama	Porto Rico
Tipo 5	Triangle J Council of Governments	Carolina do Norte, EUA
	Brownsville	Texas, EUA
	By-Product Synergy, Tampico	Mexico

Quadro 2.4 Amostragem de projetos de simbiose industrial
Fonte: Adaptado de Chertow (2000).

2.3.2 Baseado na forma de surgimento e desenvolvimento

Após discutir os resultados dos trabalhos de Gibbs (GIBBS, 2003, 2004; GIBBS; DEUTZ, 2005; GIBBS; DEUTZ; PROCTOR, 2005) a respeito dos estágios de planejamento ou implementação de diferentes áreas "ecoindustriais" (principalmente nos Estados Unidos da América), Chertow (2007) propôs dois modelos contrastantes no que diz respeito a emergência e desenvolvimento da simbiose industrial: uma abordagem de planejamento e outra de auto-organização.

O modelo PIE planejado (*planned EIP model*) é o resultado de um "esforço consciente para identificar empresas de diferentes indústrias e alocá-las para que eles possam compartilhar recursos entre elas" (CHERTOW, 2007, p. 21, tradução nossa).

O planejamento feito pelos Estados Unidos da América para esses sistemas envolveu a formação de um grupo de atores interessados em orientar o processo e a participação de pelo menos uma agência governamental ou quase governamental com alguns poderes para incentivar o desenvolvimento, como planejamento de uso da terra e/ou zoneamento, dar concessão ou financiamento a longo prazo (CHERTOW, 2007).

Já no modelo de PIE auto-organizado (*self-organizing EIP model*), o foco na redução de custos, aumento de receita ou expansão comercial conduz as decisões dos atores privados para a emergência de um ecossistema industrial (CHERTOW, 2007). Quando as trocas se iniciam, os participantes não estão conscientes de que realizam relações de simbiose ou ainda que fazem parte de um "ecossistema industrial", contudo essa consciência pode vir a se desenvolver com o amadurecimento e expansão das relações. No entanto, o amadurecimento dessas relações é dependente de um "teste de mercado" que ocorre no início das trocas, pois os intercâmbios só serão bem-sucedidos se houver interesse mútuo no recurso em questão (CHERTOW; EHRENFELD, 2012).

TIPO	EXEMPLO	LOCALIZAÇÃO	BASE
Modelo de PIE planejado	Tianjin (TEDA)	China	(ZHANG et al., 2014) (SHI; CHERTOW; SONG, 2010)
	Suzhou New District (SND)	China	(WEN; MENG, 2015).
	Suzhou Industrial Park (SIP)	China	(INKPEN; WANG, 2006),
	Verdal	Noruega	(ROMERO; RUIZ, 2013)
	Devens Planned Community	Estados Unidos da América	(ROMERO; RUIZ, 2013) (GIBBS; DEUTZ, 2005)
	Nanning Sugar Co. Ltd.	China	(ROMERO; RUIZ, 2013) (YANG; FENG, 2008)
Modelo de PIE auto-organizado	Kalundborg	Dinamarca	(ZHANG et al., 2014) (CHERTOW, 2007)
	Kwinana	Austrália	(ROMERO; RUIZ, 2013) (VAN BERKEL, 2004) (CHERTOW, 2007)
	Gladstone	Austrália	(CHERTOW, 2007)
	Triangle J	Carolina do Norte, Estados Unidos da América	(CHERTOW, 2007)
	Barceloneta	Porto Rico	(CHERTOW, 2007)
	Guayama	Porto Rico	(CHERTOW, 2007)
	Styria	Áustria	(ROMERO; RUIZ, 2013) (SCHWARZ; STEININGER, 1997) (CHERTOW, 2007)
	Jyvaskyl a, Finland	Finlândia	(CHERTOW, 2007)
	Guitang Group, China	China	(CHERTOW, 2007)
	Burnside Industrial Park	Canadá	(ROMERO; RUIZ, 2013) (CÔTÉ; SMOLENAARS, 1997) (CHERTOW, 2007)
	Alberta Heartland	Canadá	(CHERTOW, 2007)

Quadro 2.5 Exemplos de PIE classificados como parques ecoindustriais planejados e desenvolvidos por meio de um modelo auto-organizado

Apesar de a simbiose se iniciar e se desenvolver de forma auto-organizada pelos atores, os projetos podem ser fortalecidos pela instituição posterior de uma instância de coordenação.

O Quadro 2.5 resume alguns PIE que podem ser classificados como modelo de PIE planejado e alguns exemplos de PIE que foram desenvolvidos via modelo auto-organizado.

2.3.3 Baseado no estágio de evolução da SI

Baseado nas analogias biológicas da ecologia industrial, da teoria adaptativa complexa e da dinâmica empresarial, Chertow e Ehrenfeld (2012) propuseram um modelo com o intuito de explicar o comportamento da simbiose industrial. Esse modelo tem por fundamento o dinamismo observado nos ecossistemas, sendo representado por três estágios de evolução, são eles: surgimento (*sprouting*), descobrimento *(uncovering)* e integração e institucionalização (*embeddedness and institutionalization)* (como mostrado na Figura 2.8) (CHERTOW; EHRENFELD, 2012; SARACENI et al., 2017).

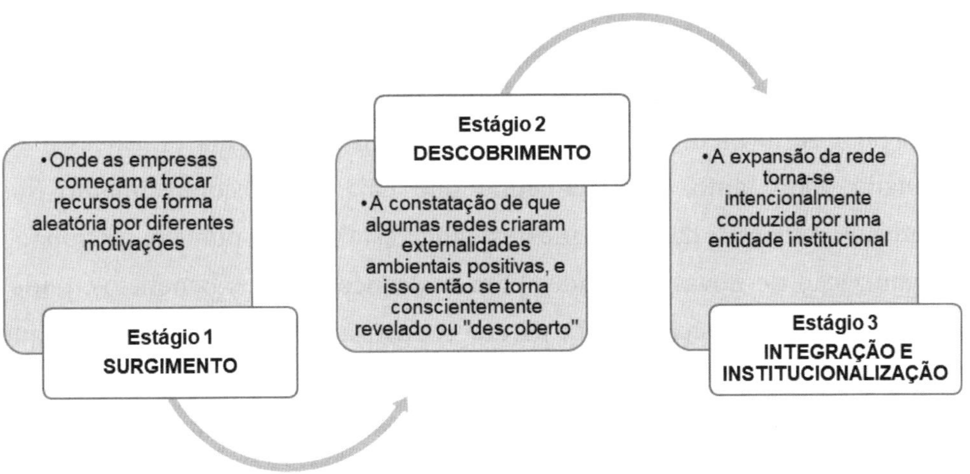

Figura 2.8 Representação dos estágios de evolução da SI.
Fonte: Baseado em Chertow e Ehrenfeld (2012) e Felicio et al. (2016).

É importante destacar que, na prática, as fronteiras entre os estágios são difusas, assim como é relevante ter a "compreensão de que os estágios são descontínuos, o progresso em todos eles é não linear e não pode ser previsto"

(CHERTOW; EHRENFELD, 2012, p. 19, tradução nossa).

O **primeiro estágio** da simbiose é o "surgimento" ou *sprouting*, momento em que, nos poucos vínculos estabelecidos, realizam-se trocas de forma aleatória (CHERTOW; EHRENFELD, 2012; FELICIO et al., 2016). Essas ligações operam um sistema de fluxos de materiais e energia relativamente desordenado que devolvem ao mercado em vez de descartar no ambiente, motivados por uma busca de eficiência econômica, pressões regulatórias, aumento do custo de descarte, dentre outras motivações (CHERTOW; EHRENFELD, 2012; FELICIO et al., 2016).

O **segundo estágio** da simbiose é o "descobrimento" ou *uncovering*. As trocas incipientes e desordenadas de materiais e energia que ocorrem, basicamente para benefício econômico na primeira fase, podem ser fontes de externalidades positivas para o meio ambiente (CHERTOW; EHRENFELD, 2012; FELICIO et al., 2016).

No momento que essas externalidades se tornam do conhecimento dos atores, elas inferem um valor que pode ser usado para proporcionar estabilidade e até crescimento. Curiosamente, no entanto, tais externalidades positivas ou bens públicos podem não ser percebidos por um longo tempo.

No entanto, para o estágio 2 vir a emergir, é necessário que durante o estágio 1 se formem estruturas que permitam um sistema de trocas mais ordenado. Para tanto, é fundamental que haja esse reconhecimento dos benefícios ambientais das atividades, e quando este se torna público, adicionado a organização de novas atividades para o alcance de mais benefícios, pode-se considerar a transição de um parque industrial padrão em um ecoparque industrial.

De forma sintética, o estágio 2 de evolução da simbiose compreende o processo de (1) o reconhecimento explícito por alguns atores dos benefícios ambientais positivos que estão sendo criados pela rede de interfaces, seguido de (2) o surgimento de uma incipiente estrutura institucional.

O **terceiro estágio** da simbiose é a "integração e institucionalização" ou *embeddedness* e *institutionalization*. A fronteira entre o estágio 2 e o estágio 3 é mais tênue, contudo o fator crítico é o amadurecimento das instituições que une os atores e gera o descobrimento e a promoção de simbioses industriais. Fundamentado na teoria das redes sociais, no estágio 3 as empresas devem estar imersas nos sistemas de relacionamentos que permitem os fluxos de recursos, assim o *embeddedness* significa que "a estrutura e a qualidade dos laços sociais entre as empresas moldam a ação econômica criando oportunidades únicas e acesso a essas oportunidades" (UZZI, 1996, p. 675).

TIPO	EXEMPLO	LOCALIZAÇÃO	INSTITUCIONALIZAÇÃO
Surgimento	Ulsan	Coreia	The Korean Industrial Complex Corporation (KICOX)
	UK Industrial Areas	Reino Unido	National Industrial Symbiosis Programme (NISP)
Descobrimento	Campbell Industrial Park	Havaí	Informal
Integração e institucionalização	Kalundborg	Dinamarca	Symbiosis Institute
	Guayama	Porto Rico	Wastewater Advisory Council
	Shenzhen Huaqiang Holdings Ltd. (antes Guitang Group)	China	Proprietários privados da fábrica
	Kwinana	Austrália	Kwinana Industrial Council, Centre for Sustainable Resource Processing (CSRP)
	Styria	Áustria	Karl-FranzensUniversitat Graz Partnership
	Tianjin Economic Development Area	China	Tianjin Economic Development Area Environmental Protection Bureau
	Rotterdam Harbor	Holanda	Rotterdam INES

Quadro 2.6 Exemplos de PIE classificados com base no estágio de evolução da SI
Fonte: Baseado em Chertow e Ehrenfeld (2012).

O Quadro 2.6 reúne exemplos de PIE classificados como base no estágio de evolução da simbiose industrial.

2.3.4 Baseado no processo de desenvolvimento do parque

O estudo de Zhang et al. (2014) aborda a classificação proposta por Yuan et al. (2004), a qual toma por base o processo de desenvolvimento do parque. Quando um PIE é construído a partir do zero, sendo feito um planejamento cuidadoso com base em requisitos estabelecidos, ele é tratado como um "parque ecoindustrial recentemente planejado" (ou *newly planned eco-industrial park).* O principal objetivo é que as empresas sejam reunidas pela adoção de tecnologias verdes ou ainda pela infraestrutura compartilhada (como instalações de tratamento de água e esgoto), dentre outras ações, a fim de cumprir as demandas de reduções no impacto ambiental.

Em contraponto, aqueles PIE que surgiram a partir da transformação de um grupo já existente de empresa é classificado com "transformado a partir de grupos de empresas existentes" (ou *transformed from existing groups of companies*). Para esse tipo de PIE, o objetivo é o de fomentar os fluxos de trocas de materiais e energia entre as empresas e ainda aplicar novas formas de utilização das tecnologias existentes para facilitar as trocas e evitar os desperdícios.

O Quadro 2.7 apresenta exemplos desta tipologia de classificação dos PIE.

TIPO	EXEMPLO	BASE
Parque ecoindustrial recentemente planejado	Choctaw	(Potts Carr, 1998)
	Tianjin (TEDA)	(Shi et al., 2010)
Transformado a partir de grupos de empresas existentes	Guangxi Guigang	(Zhu et al., 2007)
	Shandong Lubei	(Chen et al., 2010)

Quadro 2.7 Exemplos de PIE classificados com base no processo de desenvolvimento do parque
Fonte: Zhang et al. (2014).

2.3.5 Baseado na localização das empresas do parque

A classificação de PIE proposta por Lowe (1997) tem como base a localização das empresas que compõem o parque (ZHANG et al., 2014). A partir dessa base, os PIE podem ser enquadrados em: parques ecoindustriais colocalizados e parques ecoindustriais virtuais.

A primeira categoria, PIE colocalizados, refere-se ao grupo de empresas possuem uma certa proximidade geográfica entre si, estando no mesmo local ou em uma mesma região pequena. Para Lowe (1997, p. 59, tradução nossa), em uma perspectiva econômica, a proximidade entre as empresas "reduz os custos de produção de bens e serviços, eliminando movimentos de transporte desnecessários e, no caso das indústrias de alta tecnologia, criando um ambiente criativo intelectual e mutuamente reforçador". Contudo, em uma perspectiva ambiental a proximidade entre as empresas reduz também os riscos de transporte, como os vazamentos de produtos químicos.

Na segunda categoria, PIE virtuais, as empresas pertencentes a esse parque podem estar distribuídas em uma área muito maior, ocorrendo trocas de subprodutos e resíduos entre empresas separadas por longas distâncias (ZHANG et al., 2014).

Zhang et al. (2014, p. 4, tradução nossa) se baseia em Schwarz e Steininger (1997), Côté e Cohen-Rosenthal (1998) e Martin et al. (1996) para dizer que essa categoria de PIE, além ser uma alternativa para eliminar os custos da construção de uma nova estrutura e formar um PIE a partir de empresas já existentes, também permite melhorar a eficiência através da troca de recursos dentro ou entre grandes regiões, particularmente quando os recursos não estão disponíveis em estreita proximidade com a indústria ou empresa que os exige.

O Quadro 2.8 reúne exemplos de PIE que podem ser classificados com base na localização das empresas do parque.

TIPO	EXEMPLO	LOCALIZAÇÃO
Parque ecoindustrial físico	Kalundborg	Dinamarca
Parque ecoindustrial virtuais	Brownsville industrial symbiosis complex[3]	Estados Unidos da América

Quadro 2.8 Exemplos de PIE classificados com base na localização das empresas do parque
Fonte: Baseado em Zhang et al. (2014).

2.3.6 Baseado em suas diferentes composições industriais

Baseado nas diferentes composições de empresas presentes em um parque industrial, o Ministério da Proteção Ambiental da República Popular da China (MINISTRY OF ENVIRONMENTAL PROTECTION OF THE PEOPLE'S REPUBLIC OF CHINA, 2006a, 2006b, 2009 apud ZHANG et al., 2014) propôs a classificação dos PIE em parques integrados, setor-específicos e de reutilização e reciclagem.

O primeiro tipo, parques ecoindustriais integrados no setor, é de parques originários, em sua maioria, de zonas de desenvolvimento industrial de alta tecnologia ou zonas de desenvolvimento econômico e técnico. Estes são

3 Citado por Martin et al. (1996).

compostos por empresas de diferentes setores industriais.

O segundo tipo, parques ecoindustriais de setores específicos, é formado por uma ou mais empresas principais do mesmo setor industrial, bem como algumas outras empresas de indústrias relacionadas. A maioria destes parques desenvolveu-se pelo aumento da integração dos fluxos de materiais e energia.

O terceiro tipo, parques de reutilização e reciclagem, é projetado para diminuir os impactos no meio ambiente, principalmente por meio de tecnologias que permitam a utilização de resíduos da indústria em recursos. No sistema desse tipo de PIE estão empresas especializadas na reutilização, reciclagem e recuperação de recursos. Essas empresas impedem que recursos que ainda podem ser utilizados se tornem resíduos, evitando assim que se consuma mais matérias-primas naturais.

O Quadro 2.9 resume alguns PIE que podem ser classificados como setor-específico e setor integrado, com base em suas diferentes composições industriais.

TIPO	EXEMPLO	GESTOR	PRINCIPAIS INDÚSTRIAS
Parque de setor específico	Guigang NEDIP	Grupo Guitang	Açúcar
	Baotou (aluminum) NEDIP	Grupo de alumínio Baotou	Indústria de alumínio e eletricidade
	Lubei NEDIP	Grupo Lubei	Tratamento de água e indústria química
	Fushun NEDIP	Grupo industrial de mineração Fushun	Mineração
	Guiyang–Kaiyang	Municipalidade	Carvão, indústria química
	Weifang	Municipalidade	Parque nacional de alta tecnologia, marinha e indústria química
	Zhengzhou Shangjie	Municipalidade	Alumínio
	Baotou Steel	Grupo de ferro e aço Baotou	Aço
	Shanxi Antai	Grupo Shanxi Antai	Coque, ferro-gusa, cimento
Parque de setores integrados	Nanhai NEDIP	Municipalidade	Indústria de alta tecnologia ambiental
	Huangxing NEDIP	Municipalidade	Parque provincial de alta tecnologia, informação, novos materiais, indústria farmacêutica e biológica
	Tianjin economic development area (TEDA)	Municipalidade	Parque nacional de alta tecnologia, eletrônica e telecomunicações, produtos médicos e farmacêuticos, fabricação de máquinas, processamento de alimentos
	Dalian Economic Technological Development Area	Municipalidade	Parque nacional de alta tecnologia
	Suzhou National New and High-Tech Industrial Development Zone	Municipalidade	Parque nacional de alta tecnologia
	Suzhou Industrial Park (SIP)	Municipalidade	Parque nacional de alta tecnologia
	Yantai Economy Technology Development Zone	Municipalidade	Parque nacional de alta tecnologia
	Zhangjiagang Free Trade Zone and Jiangsu Yangtze River Chemical Park	Municipalidade	Parque nacional de alta tecnologia, indústria química
	Kunshan Economic and Technical Development Zone	Municipalidade	Parque nacional de alta tecnologia, indústra de borracha e de fibra química
	Fuzhou Economic and Technical Development Zone	Municipalidade	Parque nacional de alta tecnologia
	Wuxi New District	Municipalidade	Parque provincial, têxtil, máquinas, alimentos, eletrônicos e novos materiais
	Shaoxing Paojiang Industrial Zone	Municipalidade	Parque provincial, têxtil, máquinas, alimentos, eletrônicos e novos materiais
	Rizhao Economic Development Zone	Municipalidade	Parque provincial, têxtil, máquinas, alimentos, eletrônicos e novos materiais
	Shanghai Xinzhuang Industrial Park	Municipalidade	Parque provincial

TIPO	EXEMPLO	GESTOR	PRINCIPAIS INDÚSTRIAS
	Qingdao North New HighTech Development Zones	Municipalidade	Parque nacional de alta tecnologia, informação eletrônica
	Yangzhou Economic Development Zone	Municipalidade	Parque provincial
	Kalundborg[1]	Symbiosis Institute (CHERTOW; EHRENFELD, 2012)	Empresas dos ramos de energia, construção civil, agricultura, piscicultura, petróleo, farmacêutico e fertilizantes (CHERTOW, 2007, p. 19)
Parque de setores integrados	Burnside[2]	Burnside Eco-Efficiency Center (EEC) Municipality (LIU et al., 2018; ROMERO; RUIZ, 2013)	Apontam que na época as empresas presentes em Burnside eram de diferentes setores, sendo 36 gráficas, 21 empresas de distribuição de tintas e pinturas, 19 empresas químicas, 20 empresas de montagem e reparação de computadores, 32 instalações de reparo automotivo e 17 empresas de processamento de metais. Além dessas, Burnside contava também com uma grande variedade de empresas nos serviços de alimentos, saúde, comunicações, setores de construção, varejo e transporte (CÔTÉ; CRAWFORD, 2003; CÔTÉ; SMOLENAARS, 1997, p. 68)
Parque de reúso e reciclagem	Choctaw[3]		

Quadro 2.9 Exemplo de classificados com base em suas diferentes composições industriais
Fonte: Baseado em Zhang et al. (2009), [1]Chertow (2007, p. 19), [2]Côté e Smolenaars (1997, p. 68) e Potts Carr (1998)[3].
Nota. *National Ecological Industrial Demonstration Parks* (NEIDP).

2.3.7 Baseado na natureza das relações entre os membros

A base utilizada por (WANG; YIN, 2005 apud ZHANG et al., 2014) para classificação dos PIE foi a natureza do relacionamento entre seus membros. Nesse sentido, os PIE podem ser divididos em: parques orientados para a dependência (*dependency-oriented parks*), parques orientados para a igualdade (*equality-oriented parks*) e parques aninhados (*nested parks*).

Os primeiros parques orientados para a dependência, são aqueles que têm o seu desenvolvimento em torno de uma ou mais empresas-âncora. No segundo tipo, parques orientados para a igualdade, as empresas desfrutam da mesma condição dentro do PIE, sem depender exclusivamente umas das outras. Por fim, o terceiro tipo, parques aninhados, é aquele que combina características dos parques orientados para dependência e orientados para a igualdade.

Contudo, de forma a complementar essa classificação, os PIE orientados para a dependência (primeiro tipo) podem ser divididos em duas categorias com base na teoria da "espécie-chave" da ecologia de Paine (1969) (GUO; ZHONG, 2005 apud ZHANG et al., 2014). Essas categorias levam em conta se existe uma única empresa principal ou várias empresas-âncora. Wang et al. (2010 apud ZHANG et al., 2014) dividem ainda mais os parques orientados para a dependência, classificando-os em parques de dependência única (com um único membro-chave) e parques de múltiplas dependências (com dois ou mais membros-chave).

O Quadro 2.10 apresenta exemplos dessa tipologia de classificação dos ecoparques.

TIPO		EXEMPLO	BASE
Parques orientados para a dependência	Parques de dependência única	Guangxi Guigang	(Zhu et al., 2007)
	Parques de múltiplas dependências	Kalundborg	(Chertow, 2007; Zhu et al., 2007; Chen et al., 2010)
		Shandong Lubei	(Zhang; Zheng; Fath, 2015)
Parques orientados para a igualdade		Burnside Industrial Park	(Wright et al., 2009)
Parques aninhados		Styria industrial symbiosis	(Schwarz and Steininger, 1997)

Quadro 2.10 Exemplos de parques classificados com base na natureza das relações entre os membros

Fonte: Baseado em Zhang et al. (2014).

CAPÍTULO 3
ESTUDOS DE CASO

Neste capítulo serão apresentados alguns dos principais ecoparques industriais em várias regiões do mundo. Busca-se ilustrar suas origens, motivações e características mais relevantes em termos de projetos, ações e relações com as comunidades locais nas quais estão inseridos.

3.1 Ecoparque Industrial de Kalundborg[4]

O mais discutido PIE da literatura está no município de Kalundborg, na Dinamarca, e foi construído na década de 1980 com base na compra/venda de subprodutos entre as empresas dos ramos de energia, construção civil, agricultura, piscicultura, petróleo, farmacêutico e fertilizantes (Figura 3.1).

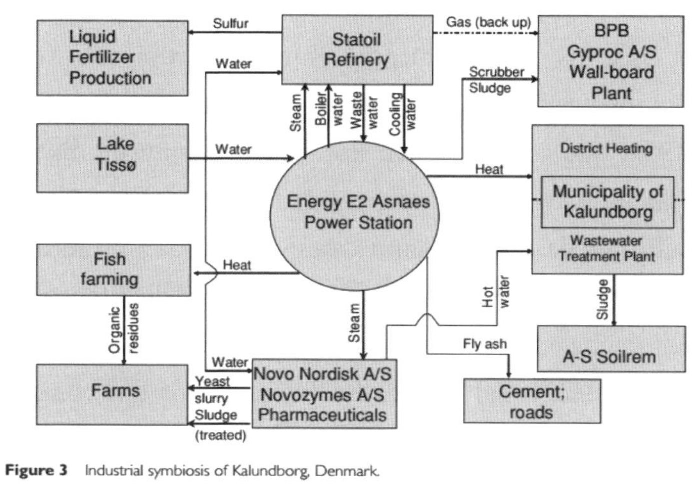

Figura 3.1 Simbiose industrial no Ecoparque Industrial de Kalundborg, Dinamarca.
Fonte: Chertow, 2007 (p. 19).

4 Os autores agradecem especialmente ao Dr. Per Moller e demais pesquisadores do *Kalund-borg Symbiosis Centre* pela oportunidade de visitar e conhecer *in loco* o PIE de Kalundborg em setembro de 2017.

O primeiro projeto envolveu a criação de um fornecimento de água refrigerada do lago Tisso para a nova refinaria de petróleo que a empresa Dansk Veedol A/S construiu em Kalundborg em 1961 (posteriormente esta empresa foi adquirida pela Esso e depois novamente pela Satoil). De fato, tal experiência não se constituiu em um projeto de simbiose industrial segundo o conceito acadêmico do termo, porém ele se tornou uma plataforma para uma série de outros projetos que viriam a ser desenvolvidos posteriormente.

Segundo seus idealizadores, o conceito de simbiose industrial ganhou notoriedade tanto no meio acadêmico quanto no mundo empresarial devido a uma série de fatores culturais predominantes na Dinamarca, em especial na região de Kalundborg. A construção de um capital social (BOURDIEU, 1998) ao longo de cinco décadas envolvendo os empresários, executivos, poder público local e demais instituições sociais viabilizou muito boa comunicação entre os agentes envolvidos na economia local, assim como com o mundo exterior. De forma gradual pessoas e organizações da região passaram a incorporar tal conceito em seus projetos, atividades e ações em diferentes campos/áreas de atuação.

Algumas das principais instituições que contribuíram decisivamente para fortalecer os laços de comunicação entre os participantes do complexo do ecoparque industrial de Kalundborg foram: 1) *The Environment Club* fundado em 1988, que se tornou um importante fórum de discussões entre participantes da indústria, da municipalidade, das instituições do governo local, da agricultura e de várias organizações vinculadas à proteção ambiental. 2) *Kalundborg Symbiosis Centre*, que, após vários anos de intenso debate entre as entidades, foi estabelecido em 1996, sob os auspícios do conselho comercial local (*local trade council*). Tal projeto foi liderado por um comitê executivo composto por representantes das empresas envolvidas no sistema de simbiose industrial. Desde então, esta entidade vem capitaneando uma série de estudos e projetos em torno do tema *Symbiosis*, tanto no âmbito da economia da Dinamarca como também em todo o mundo. Entretanto, foi somente após 2010 que o desenvolvimento deste Centro ganhou maior impulso. O interesse sobre os projetos e estudos relativos à simbiose industrial ganhou contornos políticos, que, por seu turno, realimentou o interesse de outros setores da economia. Nesse sentido, cabe salientar que nos anos mais recentes surgiram sinônimos ao conceito de simbiose, como "economia circular" (*circular economy*) e "do berço ao berço" (*cradle-to-cradle*) (CHRISTENSEN, JORGEN. *A Principle was born, The Kalundborg Symbiosis, 40th Anniversary, 2015).*

Nesse contexto, especial atenção deve ser dada ao papel que a municipalidade desempenha no processo de adensamento do parque industrial de Kalundborg, por meio de uma série de incentivos para atrair investimentos diretos e viabilizar a instalação de novas plantas industriais na região. Um dos principais sintomas desse movimento traduz-se pelo fato de que, atualmente, tal região é a mais industrializada fora da capital dinamarquesa (Copenhagen), principalmente nos setores de geração de energia, indústrias de processo (química e petroquímica), indústria farmacêutica e de produtos médicos. A orientação estratégica da municipalidade pode ser expressa na política industrial e de desenvolvimento local estabelecida para o período de 2011-2014:

> Nós desejamos criar um processo de desenvolvimento sustentável com foco na inovação, novas tecnologias e maior eficiência na utilização dos recursos com base no pensamento da simbiose. A municipalidade de Kalundborg está realizando um papel ativo no processo de transição para uma comunidade ecológica e eficiente em termos de energia (*climate-friendly and energy-efficient*) independente das fontes de energia fóssil, com constante foco na exploração e testes das potencialidades das novas tecnologias verdes (*green technologies*) (Henrik Damm - *Municipal Chief Executive Officer- Kalundborg Municipality*, The Kalundborg Symbiosis, 40th Anniversary).

Desta forma é que o poder público local desempenha uma importante função no diálogo e na cooperação entre as empresas e os políticos locais, tendo em vista o fortalecimento de um sólido aparato (*solid framewok*) favorável ao desenvolvimento dos negócios. Um dos exemplos refere-se aos projetos de redução da emissão de CO^2 por parte das empresas que operam na região, que apresentam significativo sucesso, sem a perda de empregos e da produtividade. Outros projetos no âmbito do *The Green Industrial Municipality* também ilustram a importância deste agente no contexto do ecoparque, como:

- **Projeto Inbicon** da empresa de energia *Dong* (um dos principais grupos de energia do norte da Europa): Trata-se de uma planta industrial que se dedica à conversão de biomassa não alimentícia em bioetanol de segunda geração e produtos valiosos para energia renovável e produtos bioquímicos (ORSTED, [201-]).
- **E4Water:** O principal objetivo deste projeto foi desenvolver, testar e validar novas abordagens integradas, metodologias e tecnologias de processo para uma gestão mais eficiente e sustentável da água na indústria química (tratamento com microalgas), com oportunidades de fertilização cruzada para outros setores industriais. O projeto baseou-se em conceitos de P & D de última geração, utilizando os princípios de sinergia e simbiose: (a) na indústria de processo, (b) na gestão de água urbana e agrícola. Os resultados já apresentados indicam uma redução no uso da água em cerca de 40%, redução na produção de águas residuais de mais de 20%, redução no uso de energia em até 20% e ganhos econômicos de até 30% nos processos industriais (E4WATER, [201-]).
- **Bioenergi Zealand:** Projeto de colaboração regional que foi realizado entre outubro de 2012 e setembro de 2014 com o objetivo de analisar e explicar como os produtos residuais e outras biomassas disponíveis na Região Zelândia (a maior e a mais povoada ilha da Dinamarca, com mais de 45% da população total do país) poderiam ser usados para a produção de energia de maneira apropriada. Durante 2 anos foram realizados *workshops*, seminários e conferências. Os principais participantes nos eventos da *Bioenergi Sjælland* foram políticos, funcionários do governo, empresas de energia, agricultores e proprietários de terras. Para o evento final, os participantes tiveram a oportunidade de discutir as propostas concretas do projeto em grupos menores com foco em propostas específicas para seus próprios bairros. Tal projeto foi totalmente financiado pelo Fundo Regional da UE, Fórum de Crescimento da Zelândia, 12 municípios e os próprios parceiros do projeto (BIOENERGI SJÆLLAND, [201-]).
- **Smart City Kalundborg:** Projeto financiado pela *Joint Research Centre*, braço científico e técnico da Comissão Europeia, e que envolve a Dinamarca e a França, cujo objetivo é demonstrar as vantagens no uso de energia renovável, além das oportunidades da produção e gerenciamento descentralizados de energia. Pretende demonstrar na vida real como uma cidade pode atingir a eficiência energética ideal, permitindo que os sistemas de controle de eletricidade, água, aquecimento, transporte e edifícios se comuniquem. Segundo seus idealizadores, deverá ser criada em breve uma plataforma aberta para que todos os participantes e empresas lancem sua tecnologia e *know-how* (JOINT RESEARCH CENTRE, 2018).

Cabe salientar, em tempo, que desde os primórdios do ecoparque de Kalundborg a estação de energia (*DONG Energy Power Station*) desempenhou papel fundamental na promoção da simbiose industrial entre as empresas da região. Trata-se de uma colaboração importante que se desenvolve ao longo dos anos e que sempre foi muito relevante para o estabelecimento do espírito de cooperação, compartilhamento de recursos e otimização dos negócios entre as empresas do ecoparque e a comunidade local.

Na Asnæs Power Station, o que tradicionalmente se chama de subproduto acabou por se tornar um bem bastante valioso no contexto da simbiose industrial. Por exemplo, a água da *Statoil Refining Denmark* tem sido de grande benefício para a comunidade. Essa ação proporciona acesso a recursos e fortalece nossa imagem verde também.

Outro fato interessante que cabe ser destacado na perspectiva da simbiose industrial ocorreu em 2007: a DONG Energy teve que encontrar um local adequado para as suas duas instalações de teste de biomassa (Inbicon e Pyroneer), uma fábrica de bioetanol e uma planta de regaseificação, respectivamente. A escolha natural recaiu sobre a central eléctrica de Asnæs em Kalundborg, em parte porque esta já possuía uma planta instalada, e, em parte, porque tal unidade de energia era bem adequada para uso com o gaseificador na planta de Pyroneer. Além disso, a simbiose de Kalundborg permitiu uma cooperação mais estreita com os agricultores locais, no que se refere ao fornecimento de palha para Inbicon e, em troca, esta fornece fertilizantes na forma de melaço. Nesse contexto, a solução encontrada foi construir duas instalações de teste para que elas pudessem fazer parte do modelo de simbiose e contribuir para o fortalecimento da cooperação com a região (Niels Christian KJÆR, Director DONG Energy A/S Production Region East, The Kalundborg Symbiosis, 40th Anniversary).

Além destes projetos, um dos principais desafios que vem norteando as ações da municipalidade de Kalundborg concentra-se na constante promoção da saúde, educação, biodiversidade, atividades de lazer, aliada aos desafios da economia local, buscando maior relacionamento entre as áreas rural e urbana, nos projetos de infraestrutura e na vida familiar (Henrik Damm – Municipal Chief Executive Officer, Kalundborg Municipality, The Kalundborg Symbiosis, 40th Anniversary).

O Quadro 3.1 apresenta uma síntese das classificações encontradas na literatura para este PIE.

PIE	BASE TEÓRICA	CLASSIFICAÇÃO	FONTE
Kalundborg	Tipos de trocas de materiais (CHERTOW, 2000)	Tipo 4	(CHERTOW, 2000)
	Surgimento e desenvolvimento (CHERTOW, 2007)	Modelo de PIE auto--organizado	(CHERTOW, 2007) (ZHANG et al., 2014)
	Estágio de evolução da SI (CHERTOW; EHRENFELD, 2012)	Estágio 3, Integração e Institucionalização	(CHERTOW; EHRENFELD, 2012)
	Localização das empresas do parque (LOWE, 1997)	Parque ecoindustrial físico	(ZHANG et al., 2014)
	Composição industrial (MINISTRY OF ENVIRONMENTAL PROTECTION OF THE PEOPLE'S REPUBLIC OF CHINA, 2006a, 2006b, 2009)	Parque de setores integrados	(CHERTOW, 2007, p. 19)
	Natureza das relações entre os membros (WANG, 2009; WANG; YIN, 2005)	Parque orientado para a dependência	(CHERTOW, 2007) (ZHANG et al., 2014)
	Uso da teoria de "espécies-chave" a partir de pesquisas sobre sistemas naturais	Parque de múltiplas dependências	(CHERTOW, 2007) (ZHANG et al., 2014)

Quadro 3.1 Síntese das classificações para o PIE de Kalundborg

3.2 Parque Industrial de Burnside

Durante a década de 1960, o Canadá apresentava um grave problema de disparidades econômicas entre diversas regiões do país, e como uma forma de solução o governo canadense propôs o desenvolvimento de projetos de desenvolvimento industrial como política para o crescimento econômico (NORONHA, 1999, p. 54).

Um produto direto desta política foi o Parque Industrial de *Burnside*, estabelecido no ano de 1967 (LIU et al., 2016; NORONHA, 1999). Para atender o parque, o governo canadense investiu na construção de estradas e sistemas sanitários e hídricos (com base em uma recomendação do *Atlantic Development Board*) (NORONHA, 1999, p. 54).

O Parque Industrial de *Burnside* está localizado no município de Halifax, Nova Scotia, Canadá (ao norte de Boston e leste de Montreal). A infraestrutura proporcionada pelo governo possibilitou ao parque excelentes ligações de transporte, além de estar localizado ao lado de cinco *100-Series Highways*[5], fornecendo acesso rápido ao parque, além de ligações ferroviárias.

5 As *100-Series Highways* são uma série de rodovias arteriais na província canadense de Nova Scotia. Uma *100-series highway* é uma designação aplicada a uma rodovia que pode ser uma via expressa de acesso controlado (chamada Super-2) ou autoestrada totalmente dividida.

De acordo com informações trazidas por Liu et al. (2016, p. 5), Burnside pode ser considerado um dos maiores parques industriais do Canadá, abrangendo uma extensão de 2.500 hectares. Nele estão localizadas mais de 2 mil empresas e aproximadamente 30 mil pessoas (LIU et al., 2018, p. 421). Côté e Smolenaars (1997, p. 68) apontam que, na época do seu estudo, as empresas presentes em Burnside eram de diferentes setores, sendo 36 gráficas, 21 empresas de distribuição de tintas e pinturas, 19 empresas químicas, 20 empresas de montagem e reparação de computadores, 32 instalações de reparo automotivo e 17 empresas de processamento de metais. Além destas, Burnside contava também com uma grande variedade de empresas nos serviços de alimentos, saúde, comunicações, setores de construção, varejo e transporte.

A partir de outra visão sobre os participantes do parque, Geng e Côté (2002) informam que 80 das empresas dentro de Burnside são classificadas, de acordo com sua atividade primária, como catadoras (empresas que fazem a coleta e outras ainda que fazem a reutilização, remanufatura, reparo e recuperação de resíduos) e separadoras (empresas de reciclagem).

Como muitos parques industriais, Burnside não foi inicialmente planejado com uma intenção ambiental em pauta (NORONHA, 1999, p. 55). No entanto, no ano de 1992 teve início o projeto "*Industrial Park as an Ecosystem*", caracterizado como "uma iniciativa de pesquisa multidisciplinar investigando a possível aplicação e interpretação de características e funções ecológicas para um parque industrial" (CÔTÉ; COHEN-ROSENTHAL, 1998).

No início da implantação do parque as questões ambientais não foram direcionadas como chaves, mais sim os fins econômicos guiaram as políticas de desenvolvimento industrial de uso das terras (NORONHA, 1999, p. 55). Por conta disso, a partir do momento que Burnside foi escolhido para testar o modelo de um ecossistema industrial uma grande movimentação de estudos foi iniciada. Esses estudos visavam conhecer o metabolismo das variadas empresas presentes no parque, bem como objetivaram educar as empresas sobre formas de desenvolver relacionamentos simbióticos e assim reduzir seu impacto no meio ambiente (CÔTÉ; HALL, 1995; NORONHA, 1999).

À época do estudo de Noronha (1999, p. 116), a simbiose industrial entre as empresas de Burnside ainda não estava totalmente desenvolvida, não permitindo o pleno desenvolvimento dos ciclos de material. Nesse sentido, Peck ([200-]) apresenta exemplos de relações simbióticas que já ocorriam e outras relações potenciais, quais sejam:

> - reciclagem de papelão ondulado que é recolhido por uma empresa localizada no parque e enviada para fora do parque a fim de ser reprocessado em painel de revestimento;
> - a reutilização do excesso de poliestireno da empresa de computadores por uma empresa de embalagens.
> - uma variedade de empresas de reciclagem e reutilização que lidam com cartuchos de toner, recoloração de fitas, recauchutagem de pneus e remodelação de móveis.
> - potencial para um programa de recuperação de prata para a indústria gráfica (25 empresas de impressão estão localizadas no parque), combinando recursos para comprar sistemas de recuperação de prata.
> - potencial para uma troca de tinta entre as 21 empresas que usam tinta em seus processos ou distribuem tinta para clientes. Aproximadamente 5038 litros de tinta são atualmente desperdiçados a cada ano com um valor total de $ 52.000. Estabelecer um programa de "troca de tinta" poderia reduzir esse desperdício.
> - potencial para troca entre as 19 empresas que fabricam, distribuem ou comercializam produtos químicos.

Liu et al. (2018, p. 421, tradução nossa) enfatizam que Burnside vem "amadurecendo em um sentido ecossistemático". Nesse sentido, em seu estudo Noronha (1999) focou intensivamente na figura dos catadores e separadores como promotores do ciclo de materiais, e Liu et al. (2018) evidenciam que o parque tem evoluído ao verificar que este tipo de empresas vem se estabelecendo. Segundo o levantamento feito, pelo menos 15% das empresas do parque realizaram uma ou mais dessas funções, as quais são essenciais para os ecossistemas sustentáveis (LIU et al., 2018). Conforme representado pela Figura 3.2, essas organizações realizam práticas industriais de ciclo fechado (*closed loop)* dentro do parque.

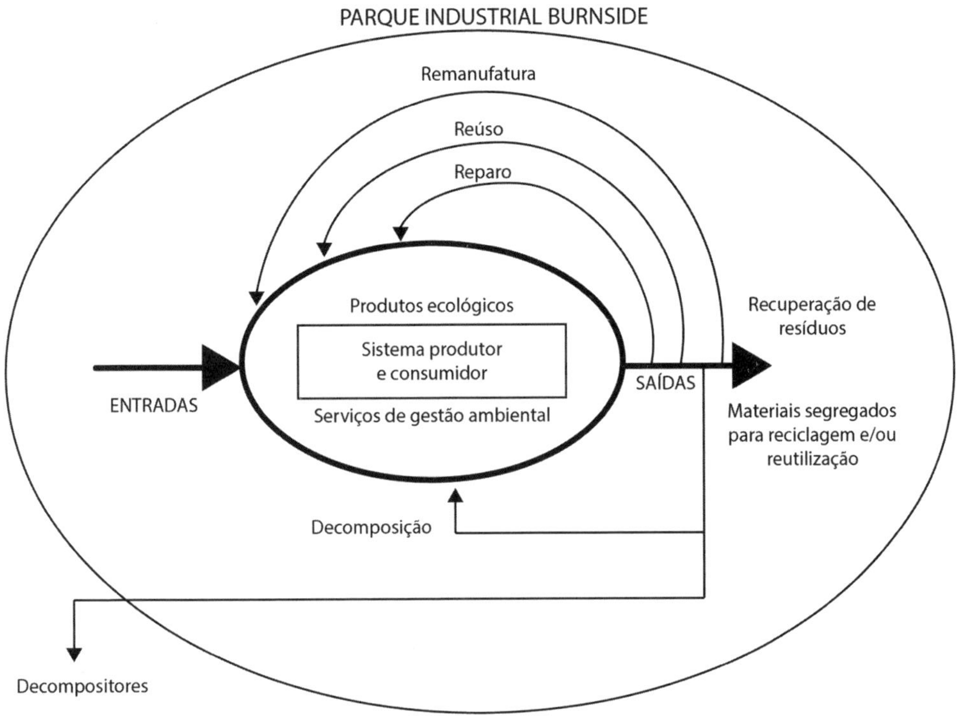

Figura 3.2 Funções que promovem e apoiam o ciclo de material no Parque Industrial de Burnside.
Fonte: Noronha (1999, p. 64).

No entanto, não apenas as funções de catadores e separadores se mostram importantes. Recentemente, muitas empresas enxergaram oportunidades para promover a reutilização, recuperação, remanufatura, aluguel e reciclagem de materiais (Figura 3.3). Assim, Burnside também se diferencia por abrigar a maior instalação de compostagem em Nova Scotia, bem como um reciclador de resíduos médicos, lixo internacional e eletrodomésticos (LIU et al., 2018).

Parque Industrial de Burnside: uma rede "alimentar" industrial

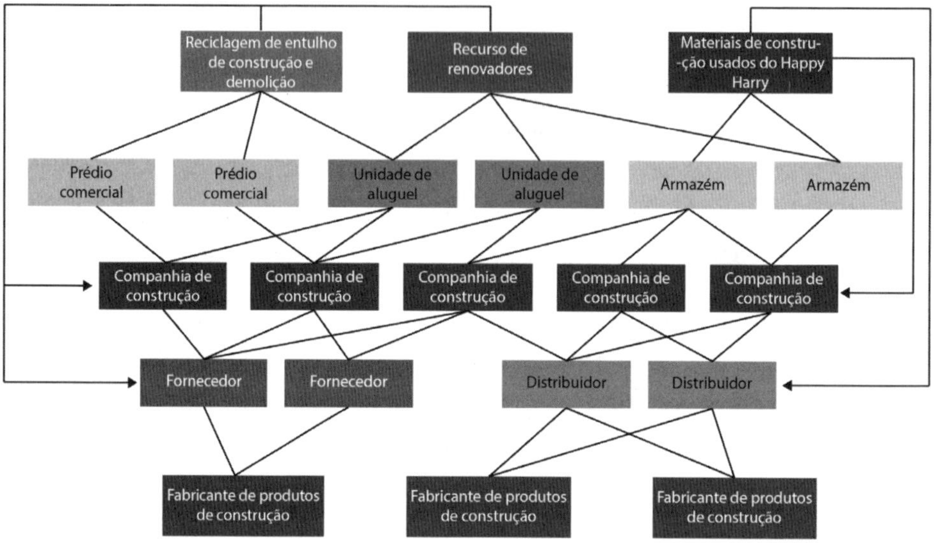

Figura 3.3 Uma rede "alimentar" industrial no Burnside Industrial Park.
Fonte: Liu et al. (2016, p. 6).

Na linha da evolução apresentada por Burnside, quatro estratégias foram adotadas para explorar redes de simbiose industrial e melhorar a sustentabilidade e ecoeficiência (LIU et al., 2018), são elas:

(1) **revisões de ecoeficiência:** são orientações fornecidas gratuitamente às empresas sobre práticas que podem evitar ou minimizar o desperdício, particularmente através da prevenção da poluição, bem como das estratégias de conservação de recursos e energia.

(2) **avaliações de oportunidade de ecoeficiência:** são realizadas coletas de dados e a identificação de oportunidade onde pode-se obter melhores resultados de eco eficiência. Para essas oportunidades são realizadas estimativas de custo e recomendações para colocá-las em prática.

(3) **avaliações de implementação de ecoeficiência:** se referem à análise de opções específicas para otimizar o uso de energia, água e materiais. Por ser específica, ela fornece uma avaliação detalhada de opções selecionadas para viabilidade técnica e financeira, impactos e benefícios ambientais, dentre outros produtos.

(4) **oficinas de prevenção de poluição:** é um *workshop* interativo para auxiliar as empresas a desenvolver "equipes verdes", assim fornecer ferramentas e orientações para que elas funcionem efetivamente.

Como forma de oferecer suporte à aplicação do conceito de ecologia industrial ao ecoparque de Burnside foi criado no ano de 1995 o *Burnside Cleaner Production Centre* (PECK, [200-]; SMOLENAARS, 1996). O centro visa fornecer informações sobre redução de resíduos, prevenção de poluição e produção mais limpa para empresas. Segundo Peck ([200-]), os serviços prestados pelo Centro incluem: promover materiais e conservação de energia por meio de auditorias; buscar tecnologias para melhorar a eficiência do uso de recursos para clientes empresariais; facilitar a redução de resíduos de embalagens a partir de auditorias de resíduos; e identificar e facilitar as trocas de resíduos e energia entre as empresas.

No entanto, por meio de uma parceria entre Universidade de Dalhousie e Nova Scotia Power Inc, no ano de 1998 foi estabelecido o *Burnside Eco-Efficiency Center* (EEC) (LIU et al., 2018, p. 423). Com o apoio das agências de gestão ambiental e desenvolvimento econômico do Município Regional de Halifax e do Governo Federal, o EEC é um centro de apoio à gestão educacional e ambiental para pequenas e médias empresas (LIU et al., 2018; ROMERO; RUIZ, 2013). Segundo Romero e Ruiz (2013, p. 734) a experiência do EEC demonstra a relevância do suporte externo, pois o programa resultou em grandes progressos no desenvolvimento de relações de cooperação para troca de resíduos entre as empresas. O Quadro 3.2 apresenta uma síntese das classificações encontradas na literatura para este PIE.

PIE	BASE TEÓRICA	CLASSIFICAÇÃO	FONTE
Burnside	Tipos de trocas de materiais (CHERTOW, 2000)	Tipo 3	(CHERTOW, 2000)
	Surgimento e desenvolvimento (CHERTOW, 2007)	Modelo de PIE auto-organizado	(CHERTOW, 2007)
	Composição industrial (MINISTRY OF ENVIRONMENTAL PROTECTION OF THE PEOPLE'S REPUBLIC OF CHINA, 2006a, 2006b, 2009)	Parque de setores integrados	-
	Natureza das relações entre os membros (WANG, 2009; WANG; YIN, 2005)	Parque orientado para a igualdade	(CHERTOW, 2007) (ZHANG et al., 2014)

Quadro 3.2 Síntese das classificações para o PIE de Burnside

3.3 Parque Industrial Ecológico (PIE) de Paracambi

O crescimento econômico é um dos mais almejados objetivos de um país em desenvolvimento, como é o caso do Brasil. A industrialização é um dos principais caminhos utilizados, e é natural que ocorra ao longo do processo em qualquer país. Na Região Metropolitana do Rio de Janeiro houve uma grande concentração industrial, sobretudo estabelecimentos da classe de transformação, ocasionando aumento da concentração urbana e contaminação, destruição do meio ambiente e consequentemente comprometimento da qualidade de vida da população.

A Conferência das Nações Unidas sobre o Meio Ambiente e Desenvolvimento (ECO-92) ocorreu no Rio de Janeiro em 1992, disseminando o conceito de desenvolvimento sustentável. Além disso, nessa conferência foram estabelecidas diretrizes socioambientais relacionadas ao tema. Tendo esse cenário em vista, foram sugeridas possíveis relações de sinergia entre as indústrias, principalmente pelo fato de a diversidade de indústrias ser bastante elevada.

O movimento realizado por parte do governo do Rio de Janeiro a partir desta época foi instituir o Programa de Fomento ao Desenvolvimento Industrial Sustentável do estado do Rio de Janeiro – "Rio Ecopolo", por meio do Decreto n.º 31.339 de 4 de junho de 2002. Este decreto considerou a necessidade de:

- criação de instrumentos econômicos que incentivem o desenvolvimento sustentável;
- melhoria da qualidade de vida e das condições ambientais no Estado do Rio de Janeiro;
- modernização do parque industrial do Estado do Rio de Janeiro através do incentivo à implantação de gestão ambiental e à utilização de tecnologias mais limpas;
- estímulo a parcerias entre governo e empresas;
- promoção da ecoeficiência nas empresas;
- fortalecimento da competitividade do parque industrial do Estado do Rio de Janeiro e - geração de renda e de empregos através de investimentos que atendam às demandas ambientais.

Com base no decreto mencionado, a Fundação Estadual de Engenharia do Meio Ambiente (FEEMA) do estado do Rio de Janeiro fomentou a participação das indústrias no Programa "Rio Ecopolo", dando suporte e apoiando a criação de quatro PIEs no estado do Rio de Janeiro, são eles: Santa Cruz, Campos Elíseos, Fazenda Botafogo e Paracambi (VEIGA, 2007, p. 67).

O PIE de Paracambi foi instituído no ano de 2002 pelo governo do estado em parceria com o governo municipal, localizado no município de Paracambi (LUTZ; PIRES; MORAES, 2013; VEIGA, 2007).

A implementação passou por diversas dificuldades, sobretudo ao gerir resíduos, principalmente devido à falta de informações técnicas, falta de espaço, custos elevados e informalidade do setor de reaproveitamento.

O local, onde foi demarcado o PIE de Paracambi, oferece algumas vantagens, como: acesso totalmente pavimentado, facilidade de acesso aos principais centros urbanos (Rio de Janeiro e São Paulo) via Rodovia Presidente Dutra, que é o polo de escoamento dos produtos industriais da baixada fluminense; proximidade da cidade de Paracambi, localização em zona industrial, não existência de unidade de conservação próxima, ausência de residências próximas, disponibilidade de água (rede de abastecimento de água da CEDAE), energia elétrica (*Light*) e gás natural (*City Gate*) (VEIGA, 2007, p. 156).

Veiga (2007) e Veiga e Magrini (2009) apresentam informações coletadas junto a secretaria de planejamento do município de Paracambi, informando que, no ano de 2006, existiam duas plantas industriais operando no município, são elas: uma de fabricação de tecidos e outra de fabricação de arames. De forma complementar, ainda, havia tratativas para que outras empresas dos seguintes ramos industriais se instalassem na região: reciclagem de plásticos, fabricação de tintas, galvanoplastia e fabricação de pregos (ambas na área de metalurgia) e beneficiamento de mármore.

Conforme já apresentado, o PIE de Paracambi foi lançado no final de 2002; no entanto, desde então, ele pouco se desenvolveu com a passar do tempo. Desde o início de 2006, o governo local, em parceria com a Universidade Federal do Rio de Janeiro (COPPE-UFRJ), está desenvolvendo um estudo de planejamento do PIE de Paracambi. O plano COPPE-UFRJ para o PIE de Paracambi centra-se na criação de ligações entre as seis empresas industriais de interesse, e entre estas e as novas, atraídas para o PIE (VEIGA; MAGRINI, 2009, p. 657).

O Quadro 3.3 resume os principais elementos sugeridos pelo estudo de planejamento COPPE-UFRJ para o PIE de Paracambi (VEIGA; MAGRINI, 2009, p. 659).

ELEMENTOS	DESCRIÇÃO
Seleção do *site* (local)	Governo local.
Poder público local X Universidade	Parceria no desenvolvimento do estudo de planejamento PIE.
Seleção do mix industrial	FaST (US-EPA), recrutamento de empresas industriais comprometidas com alta eficiência de recursos e baixa emissão de poluentes.
Mix industrial	Fábrica de têxteis, fabricação de fios, processamento de mármore, reciclagem de plásticos, fabricação de tintas, instalação de galvanoplastia, fabricação de placas de aço, fabricação de plásticos, instalações de coprocessamento, fabricação de cimento.
Subprodutos e resíduos	Sucata têxtil, fibras de algodão; solventes; ácidos; tintas e lodos de pigmentos; sacos de plástico, retalhos de plástico não identificados, polipropileno, polietileno, aglomerados, sucata de filme; sucata de metal; ferro usado, alumínio, chumbo, zinco, cobre, aço e outros metais não ferrosos; cinzas contendo metais; óleo e cera; produtos químicos (amônia, hidróxido de sódio, cloreto); resina plástica, acrílico, vinil; metais exóticos e preciosos (cobalto, níquel, mercúrio, ouro, prata); pó de forno de cimento; pó de mármore e sucata; papel, desperdício de papel solto, desperdício de papel enfardado, cartão, cartão canelado; lamas contendo metais, solventes, pigmentos de tinta, ácidos, óleos, produtos químicos; coprocessado por produtos e poeira.
Paisagismo e planejamento do site	Preservação do ecossistema existente e incorporação ao projeto de paisagismo, orientação do local (norte), consideração de microclima, preservação de espécies nativas. Financiado pelo governo municipal.
Conexões de transporte	Principais conexões interestaduais ao norte e ao sul do país (Rio de Janeiro e São Paulo–BR 116, RJ 127, RJ 465).
Transporte público	Serviços de transporte eficazes disponíveis (serviços ferroviários, serviços de ônibus).
Infraestrutura	Financiado pelo governo municipal (energia, gás canalizado, água, esgoto). Seguindo os padrões de eficiência de recursos de alto desempenho.
Arquitetura sustentável e engenharia de processos	Adoção de métodos e tecnologias sustentáveis e avançados para a prevenção da poluição, eficiência energética, reúso de água. Consideração do ciclo de vida de materiais e edifícios, equilibrando as necessidades econômicas e ambientais. Utilização de energia renovável e materiais.
Comunidade envolvente	Forte vinculação com a comunidade do entorno por meio de programas de desenvolvimento econômico, social e ambiental (programas educacionais, oportunidades de emprego, geração de renda, melhoria da qualidade de vida).

Quadro 3.3 Elementos sugeridos para o PIE de Paracambi
Fonte: Adaptado de Veiga e Magrini (2009, p. 659).

Com base em diversos estudos, a Figura 3.4 apresenta os principais atores envolvidos no PIE de Paracambi, separados por natureza do ator.

SETOR PÚBLICO	SETOR PRIVADO	UNIVERSIDADE	COMUNIDADE LOCAL
• Governo Estadual • Governo Municipal • FEEMA • CODIN • BNDES • SERLA	• Indústrias • FIRJAN • SEBRAE • Associação de Indústrias	• UFRJ • UERJ • CETEUP	• Moradores • Trabalhadores

Figura 3.4 Atores envolvidos no PIE de Paracambi.
Fonte: Veiga (2007), Lutz, Pires e Moraes (2013), Veiga e Magrini (2009) e Bellantuono, Carbonara e Pontrandolfo (2017).

Para demonstrar possíveis sinergias, Veiga e Magrini (2009, p. 658) propuseram uma matriz (Quadro 3.4) mostrando os produtos de subproduto e extratos das indústrias e sinergias potenciais.

	SUBPRODUTO E RESÍDUOS																
	1	2	3	4	5	6	7	8	9	10	11	12	13	14	15	16	17
Fábricas têxteis	GR	GR	GR	GR	G				GR						G		
Fabricação de arame		G			G	G	G	G	GR						G		
Processamento de mármore									G					G			
Fabricação de tintas		G		G	G		G		GR	GR	R				G		
Reciclagem de plástico					R						R						
Galvanoplastia		GR	G	GR	G				GR	R		G					
Fabricação de placas de aço		GR	R		G	GR	G	G	GR			R			G		
Fabricação de plástico					R				G								
Coprocessamento	R	R	R	R	R	R	R		R		R		R		R		G
Fabricação de cimento		R						GR	R				GR	R		R	R

Quadro 3.4 Matriz de resíduos e subprodutos do PIE de Paracambi
Fonte: Veiga e Magrini (2009, p. 658).

De forma mais detalhada, o estudo de Veiga (2007) descreve as possíveis relações de simbiose do PIE de Paracambi no Quadro 3.5.

Nota: G - subproduto e gerador de resíduos / R - possível subproduto e receptor de resíduos / G/R - gerador e receptor de subproduto e resíduo.

1. Sucata têxtil, fibras de algodão; 2. Solventes; 3. Ácidos; 4. Tintas e lodos de pigmentos; 5. Sacos de plástico, sucatas de plástico não identificado, polipropileno, polietileno, aglomerados, sucata de filme; 6. Sucata de metal; 7. Ferro usado, alumínio, chumbo, zinco, cobre, aço e outros metais não ferrosos; 8. Cinzas contendo metais; 9. Óleo e cera; 10. Substâncias químicas (amônia, hidróxido de sódio, cloreto); 11. Resina plástica, acrílica, vinil; 12. Metais exóticos e preciosos (cobalto, níquel, mercúrio, ouro, prata); 13. Pó de forno de cimento; 14. Pó e desperdícios de mármore; 15. Papel, desperdícios de papel solto, desperdícios de papel enfardado, cartão, cartão canelado; 16. Lama contendo metais, solventes, pigmentos de tinta, ácidos, óleos, produtos químicos; e 17. Coprocessado por produtos e poeira.

INSUMO	TIPOLOGIA INDUSTRIAL	RESÍDUO	RECEPTOR POTENCIAL EM PARACAMBI
• Fibras de algodão • Tintura e pigmentos • Solventes (metil etil cetona, tolueno, xileno, etanol, amônia, tetra cloro etileno, tricloro etileno) • Ácidos (fosfórico, sulfúrico, oxálico, acético) • Sal (cloreto de sódio, sulfato de sódio, cloreto de magnésio, cloreto de potássio) • Água tratada • Lubrificantes: óleos, graxas	Têxtil – fabricação de tecidos	1. Aparas de tecido, fibras de algodão.	1. ND
		2. Águas residuárias – água de lavagem, de processo, de resfriamento e água da chuva contendo químicos (metanol, tolueno, amônia, xilenos), goma, tintura, polímeros naturais e sintéticos.	2. ETE
		3. Solventes (metil etil cetona, tolueno, xileno, etanol, amônia).	3. Manufatura de tintas
		4. Sal (cloreto de sódio, sulfato de sódio, cloreto de magnésio, cloreto de potássio)	4. ND
		5. Borras de tintura e pigmentos	5. Galvanoplastia
		6. Embalagens plásticas.	6. Reciclagem de plástico
		7. Embalagens de papel, papelão e corrugados.	7. ND.
		8. Borras Ácidas	8. ND
• Metais: ferro, cromo, cobre, alumínio, cobre, cádmio, zinco, bário, zinco, manganês • Solventes (benzeno, metil etil cetona, xileno, tolueno) • Água tratada • Lubrificantes: óleos, graxas • Ácidos (fosfórico, sulfúrico, oxálico, acético)	Metalurgia – Fabricação arames	1. Aparas e escória de metal	1. Metalurgia (pregos)
		2. Substâncias químicas (amônia, antraceno, etileno, etil glicol)	2. ND
		3. Resíduos contendo metais (ferro, alumínio, cobre, cádmio, zinco, bário, manganês)	3. Galvanoplastia
		4. Solventes (benzeno, metil etil cetona, xileno, tolueno)	4. Manufatura, tintas
		5. Borras Ácidas	5. ND
• Aparas e escória de metal (ferro, alumínio, cobre, cádmio, zinco, bário, manganês) • Solventes (benzeno, metil etil cetona, xileno, tolueno) • Água tratada • Lubrificantes: óleos, graxas	Metalurgia – Fabricação de pregos	1. Resíduos contendo metais, (bário, cobre, manganês, cádmio, cromo, níquel, zinco)	1. ND
		2. Solventes (metanol, metil etil cetona, metil iso butil cetona, etileno, benzeno, tolueno, xileno, acetona, éter glicol)	2. Reúso
		3. Borras de tinta e pigmentos	3. Galvanoplastia
		4. Águas residuárias contendo metal, solventes, restos e borras de tintas e pigmentos	4. ETE
		5. Lubrificantes: óleos, graxas	5. ND

Quadro 3.5 Potenciais relações simbióticas no PIE de Paracambi
Fonte: Veiga (2007, p. 168).

INSUMO	TIPOLOGIA INDUSTRIAL	RESÍDUO	RECEPTOR POTENCIAL EM PARACAMBI
• Embalagens, caixas, sacolas plásticas, filmes, grânulos e *pellets* plásticos • Resíduos de plástico polimerizado, polietileno, polipropileno (PP), cloreto de polivinil (PVC), poliestireno (PS) • Água tratada • Colorantes (dióxido de titânio, óxido de ferro)	Reciclagem de produtos plásticos	1. Grânulos e *pellets* plásticos 2. Águas residuárias de aquecimento, de refrigeração, de lavagem contendo óleos, graxas, DBO, sólidos totais em suspensão, DQO, COT, fenol (zinco)	1. Reuso 2. ETE
• Metais (bário, alumínio, cromo, cobre, manganês, níquel, zinco, estanho) • Substâncias químicas (cloro, cianeto, etil cetona, antraceno, etil benzeno, etil glicol) • Solventes (acetona, amônia) • Embalagens, caixas de papel, papelão • Tintas, vernizes • Resinas e materiais plásticos (HPDE, PET, poliestireno) • Lubrificantes: óleos e graxas	Galvanoplastia	1. Resíduos contendo metais (bário, alumínio, cromo, cobre, manganês, níquel, zinco, estanho) 2. Substâncias químicas 3. Solventes (acetona, amônia) 4. Borras ácidas 5. Embalagens, caixas de papel, papelão 6. Restos e borras de tintura e pigmentos 7. Grânulos e *pellets* plásticos 8. Lubrificantes: óleos e graxas	1. Reúso, manufatura de arames e pregos 2. ND 3. Manufatura de pregos 4. ND 5. ND 6. ND 7. Reciclagem de produtos plásticos 8. ND
• Mármores, ardósia, granito e outras pedras	Beneficiamento de mármore, ardósia, granito e outras pedras	1. Água residuária contendo particulados 2. Pó e aparas de mármore 3. Lubrificantes e óleos	1. ETE 2. ND 3. Reúso
• Água residuária contendo compostos químicos e metais (amônia, cádmio, bário, zinco, cromo, cobre, manganês, níquel), tintura e pigmentos, ácidos, solventes, borra de óleos, graxas	Estação de Tratamento de Efluentes	1. Lodo contendo metais, solventes, tintas, ácidos, óleos, graxas, compostos químicos orgânicos e inorgânicos 2. Lodo tratado 3. Resíduos orgânicos 4. Água tratada	1. ND 2. Compostagem (agricultura) 3. Compostagem (agricultura) 4. Reúso nas indústrias

Quadro 3.5 Potenciais relações simbióticas no PIE de Paracambi
Fonte: Veiga (2007, p. 168).

De acordo com as análises do estudo de Bellantuono, Carbonara e Pontrandolfo (2017, p. 372), em relação à sustentabilidade de PIE, o PIE de Paracambi caracteriza-se por "adotar práticas de ecodesign, proteção paisagística e compras ecológicas. As iniciativas para melhorar o bem-estar social e garantir a responsabilidade do produto também são amplamente implementadas". Já em uma dimensão organizacional, o PIE de Paracambi pode ser "fortemente caracterizado por um sistema de relações cooperativas entre empresas e a falta de inquilinos-âncora" (BELLANTUONO; CARBONARA; PONTRANDOLFO, 2017, p. 370).

3.4 Ecoparque da Natura (Benevides-PA)[6]

A Política Natura de Uso Sustentável de Produtos e Serviços da Sociobiodiversidade pauta a atuação da Natura na região pan-amazônica. Atualizada em 2013, inclui o modelo de repartição de benefícios pelo acesso ao patrimônio genético e/ou conhecimento tradicional praticado pela Natura e as diretrizes para a compra de insumos e para o relacionamento com as comunidades e os povos tradicionais e indígenas, entre outros pontos.

Fundamentando-se no conceito de simbiose industrial, a Natura, uma das maiores empresas brasileiras do setor de cosméticos, inaugurou em 2014 seu Ecoparque, localizado em Benevides (PA), município de 50 mil habitantes perto de Belém, no Pará. Em uma área de 172 hectares, pouco mais de 10% estão ocupados pela fábrica de sabonetes da companhia e o restante do terreno está aguardando propostas de empresas que se enquadrem no conceito de simbiose industrial e na filosofia de sustentabilidade da empresa (NATURA, 2018).

O projeto, único no mundo, deverá funcionar mais ou menos como um sistema consorciado. Segunda a própria empresa, trata-se do:

> exemplo mais recente do compromisso da Natura com a estruturação de um modelo sustentável para o uso dos ativos da biodiversidade, capaz de promover a economia da floresta em pé e a convivência harmoniosa entre a natureza, a comunidade local e as organizações privadas (NATURA, [201-]a).

Este complexo industrial tem por objetivo integrar o pilar Cadeias Produtivas Sustentáveis do Programa Amazônia, lançado em 2011 (NATURA,

---

6 Os autores agradecem a Dra. Angela Pinhati (Diretora Industrial) e ao Engenheiro Sergio Talocchi (Gerente de Logística Reversa e Reciclados), ambos da Natura, pelas informações concedidas para a elaboração desta pesquisa.

[201-]a). A fábrica de sabonetes da Natura (linhas Ekos e Tododia) foi a primeira unidade a se instalar no Ecoparque, projetado com o intuito de abrigar várias empresas com base no conceito de simbiose industrial e contribuindo com a economia local e para difusão de negócios sustentáveis na Amazônia (NATURA, [201-]a).

Ainda segundo a empresa, "o início da operação da nova unidade industrial representou um importante desafio para a Natura, considerando sua localização, os equipamentos de alta tecnologia e complexidade instalados e a contratação de colaboradores" (NATURA, [201-]a), os quais já totalizam cerca de 240 diretos (NATURA, 2018). A nova planta ainda não está operando em toda a sua capacidade. Em 2016, a capacidade produtiva da fábrica atingiu 500 milhões de barras de sabonetes por ano (NATURA, 2018).

Segundo a empresa, o Ecoparque foi concebido como um local de integração entre empresas em dois níveis de simbiose: o interno, envolvendo trocas de materiais, resíduos e energia entre as empresas; e o externo; com visão e estratégias conjuntas para o desenvolvimento de cadeias produtivas sustentáveis locais, ativação de redes de P&D locais e envolvimento em processos de desenvolvimento regional pensando na "floresta em pé".

Em 2015, a Symrise, fabricante internacional de fragrâncias e matérias-primas, passou a operar no Ecoparque (NATURA, 2018). Além de oferecer, sob encomenda, óleos fixos para a Natura, esta empresa também produz outros ingredientes para o mercado. Prerrogativa do projeto, a simbiose deverá ocorrer, principalmente, com os resíduos industriais, que podem ser reaproveitados pela fábrica de sabonetes. Além da Symrise, outras empresas já iniciaram conversações com a Natura, tendo em vista se instalarem no complexo em um futuro próximo. Nesse momento, ainda não há conexão simbiótica entre as empresas em seus processos de compras, produção e descarte de resíduos. O mais próximo deste conceito nesse momento é que a Symrise, ao adquirir as matérias-primas vegetais oriundas da biodiversidade brasileira de cadeias organizadas e coordenadas pela Natura, fortalece a amplia os benefícios ambientais dessa base produtiva.

Cabe destacar um aspecto particularmente interessante no interior do ecoparque de Benevides, no que se refere aos princípios da ecoeficiência: trata-se dos chamados "jardins filtrantes" para o tratamento de efluentes (um tratamento inovador de efluentes que dispensa a utilização de produtos químicos, ao realizar a decomposição de poluentes graças à ação de bactérias alojadas nas raízes das plantas). Neste novo arranjo industrial, também foram implantados sistemas de geotermia, nos quais equipamentos captam o ar externo e promovem troca térmica no subsolo para diminuir a temperatura no interior dos edifícios. Todo o sistema para captação e reúso de águas de chuvas já foi instalado, mas só em 2018 este sistema deverá ter sua operação iniciada. A empresa reitera, também, que o uso de bicicletas será incentivado e dentro do parque só deverá circular carro elétrico.

Do ponto de vista do sistema de gestão ambiental no interior do parque, a empresa está em processo de qualificação para a certificação ISO14.001 (esperado para 2019). Atualmente, a gestão ambiental do parque está organizada em torno de eixos de atendimento legal (monitoramento de legislações e atendimento de licenças e condicionantes); gestão de performance (monitoramento de indicadores de consumo de recursos naturais e geração de resíduos); bem como uma área de projetos em que diversas frentes de eficiência no consumo, potenciais de reúso/redução e melhoria ambiental e econômica em modelos de destinação são executadas para obter ganhos ambientais, econômicos e sociais. Alguns exemplos dessa gestão são a venda de resíduos de sabonetes para a indústria que fabrica outros tipos de produtos de limpeza; o uso de briquetes, que são restos de serrarias como combustível para a caldeira; o projeto de compostagem de restos de comida que está em fase de cotação/implantação para gerar adubo para ser usado no próprio *site*; a eliminação de copos plásticos (em implantação nesse momento).

Além disso, esta planta do ecoparque em Benevides já foi projetada com instalações para elevar a eficiência do sistema de ar-condicionado e conta com paredes duplas, que reduzem a temperatura interna e, consequentemente, o uso do ar-condicionado, além de iluminação natural. A Natura não utiliza em suas operações substâncias que impactam a camada de ozônio. Como são usados combustíveis limpos (etanol, GLP e briquete) nas caldeiras, não há quantidades significativas mensuráveis de emissões de NOx e SOx (NATURA, [201-]b).

Por outro lado, do ponto de vista dos critérios para a entrada de empresas no ecoparque, não há, por parte da Natura, exigências formais no que se refere a gestão ambiental, exceto pela régua das regulamentações vigentes. Os principais balizadores de perfil de empresas com que se espera contar no Ecoparque são a visão estratégica e a intenção de fomentar negócios sustentáveis que sejam bons para a empresa e bons para a região (pessoas, meio ambiente, ciência e tecnologia, cadeias produtivas etc.). Dessa forma, ainda segundo a empresa, o objetivo do Ecoparque é desenvolver "massa crítica em conhecimento, tamanho de cadeias, agendas de desenvolvimento regional e outras frentes que só com diversas empresas juntas apontando para o mesmo lado é que faremos alguma diferença em termos de uma Amazônia mais sustentável. Não é preciso que as empresas do condomínio tenham qualquer ligação de negócios com a Natura" (informações obtidas junto à empresa).

Quanto às possíveis parcerias com demais entidades públicas ou privadas, a Natura declara não possuir nenhuma parceria público-privada formal com o estado ou município. Em relação às ações desenvolvidas junto à comunidade, a empresa apresenta um programa de visitação guiada e também eventos em que a comunidade é convidada a participar de apresentações e debates sobre a realidade do parque e sobre o desenvolvimento local. Há, também, uma articulação de organizações não governamentais e governamentais do município em torno de uma rede de desenvolvimento do município em que são debatidas diversas agendas de desenvolvimento local.

De fato, do ponto de vista de uma estrutura de governança do ecoparque, ainda não foi estabelecido um modelo de gestão. Porém, a empresa entende que, no momento em que houver maior número de empresas participantes no Ecoparque, tal modelo deverá ser gerido por um terceiro (de preferência sem envolvimento direto da Natura). A visão da empresa é que ela seja mais um "inquilino" do ecoparque como outro qualquer.

Questionada sobre as dificuldades encontradas/esperadas com a implantação do PIE (p.ex.: legislação, falta de incentivo financeiro inicial, dificuldade de cooperação entre as empresas, ausência de padronização que defina quando um parque é um PIE, ausência de confiança entre as empresas para firmar relações de simbiose e expor informações de seus processos produtivos), a empresa respondeu que não conta com qualquer tipo de incentivos ou subsídios públicos neste sentido, nem mesmo seus parceiros potenciais entrantes no ecoparque. A empresa constata, ainda, que tal situação reafirma a dificuldade de atração de potenciais parceiros para o empreendimento.

Também é uma dificuldade a definição do padrão de investimentos necessários para a implantação por fases das infraestruturas para rápida entrada em operação (do tipo ligar e operar, "*plug and play*") que precisam estar disponíveis no momento da instalação de novos parceiros. A empresa relatou, também, outra dificuldade importante na fase de construção relativa à obtenção de bons prestadores de serviços na região, com as qualificações necessárias para essa fase e também para ocupar as posições de operação da fábrica. Para tanto, estabeleceu-se parceria com o SENAI, criando um treinamento específico para operadores nos municípios vizinhos (NATURA, 2018).

Quanto a uma avaliação dos resultados obtidos com este novo modelo de organização industrial fundamentado na simbiose, a própria empresa reconhece ser ainda muito recente tal experiência. Portanto, ainda não há indicadores confiáveis que atestem os impactos da unidade no meio ambiente.

Além dos investimentos nesse ecoparque na região norte do Brasil, cabe salientar que a empresa tem se destacado, ao longo dos últimos anos por ações no sentido da produção sustentável e da gestão da biodiversidade. Dentre tais ações pode-se evidenciar a gestão de recursos hídricos (NATURA, [201-] c). O inventário de água é realizado permanentemente pela empresa desde 2010 e busca avaliar o impacto que as operações e o negócio de maneira geral (da extração das matérias-primas até o descarte final) causa aos recursos hídricos.

Com base nesse inventário, a perspectiva é que uma estratégia específica de gestão da água seja estruturada, com metas de redução do consumo e do impacto, incluindo toda a cadeia de valor, da extração das matérias-primas até o uso e descarte dos produtos. Acrescente-se a isso o fato de, em 2015, a empresa ter publicado a pegada hídrica de todo o seu portfólio. Ela seguiu uma metodologia selecionada ainda em 2013 e testada, em uma primeira etapa, em dois produtos da Natura. Um dos diferenciais da metodologia está em ela avaliar os níveis de biodegradabilidade e de ecotoxicidade, ou seja, os efeitos que os produtos podem causar aos organismos vivos quando lançados no meio ambiente (NATURA, [201-]c).

No aspecto da gestão de resíduos sólidos (NATURA, [201-]d) a empresa foi pioneira e inovadora em tecnologias sustentáveis com sua estratégia de produto com uso do refil para uma linha de perfumaria, inicialmente em 2014 para uma linha de fragrâncias Natura Ekos Frescores. Mais recentemente, a empresa vem se destacando no uso de refis em linhas de fragrâncias produzidos com PET 100% reciclado pós-consumo e que geram 72% menos emissões de gases de efeito estufa.

Após a realização de ações no sentido de melhor estruturar recicladoras de vidro parceiras, a empresa também inseriu, no início de 2015, 20% de vidro reciclado pós-consumo nas embalagens de perfumaria de várias de suas marcas. Tal iniciativa utilizou, na sua primeira fase, aproximadamente 470 toneladas de vidro reciclado, evitando o descarte equivalente a mais de 1,3 milhão de garrafas de vidro de 600 ml (NATURA, [201-]d).

Há um evidente compromisso por parte da empresa em desenvolver produtos com menor impacto durante todo o seu ciclo de vida, e tal compromisso se expressa na sua nova visão de sustentabilidade, que reúne ambições para 2020 relacionadas ao desenvolvimento de embalagens ecoeficientes e ao aumento do uso de materiais recicláveis e reciclados pós-consumo nas embalagens. Para as formulações, o objetivo é reduzir o número de ingredientes e aumentar o uso daqueles de origem vegetal extraídos da biodiversidade pan-amazônica (NATURA, [201-]d).

No que se refere à logística reversa (NATURA, [201-]e), a empresa ainda não possui um modelo totalmente desenvolvido. Neste sentido, ela tem como um dos principais objetivos nos próximos anos estruturar um sistema de logística reversa que esteja alinhado com os requisitos da Política Nacional de Resíduos Sólidos. Tal sistema deverá ter como foco a coleta e a destinação adequada de um volume equivalente a 50% dos resíduos gerados pelas embalagens dos produtos Natura no Brasil até 2020. Além disso, tal sistema deverá priorizar a incorporação de materiais reciclados pós-consumo nas formulações de embalagens (ao menos 10% da massa total de embalagens do portfólio Natura) (NATURA, [201-]e).

Saliente-se, em tempo, que já em 2014 a empresa estabeleceu um marco inicial para transformar em realidade o sistema de logística reversa com a formatação do Projeto Gerenciador Integrado. A empresa revela, ainda, que vem dedicando:

> atenção especial às articulações com organizações e empresas que possam, em conjunto, conectar de forma eficiente e justa toda a cadeia de logística reversa, incluindo o cliente e considerando a etapa de destinação final dos materiais reciclados na indústria (NATURA, [201-]e).

Já há alguns anos, a companhia adota os princípios de ecodesign para o desenvolvimento de produtos, buscando minimizar os impactos ambientais durante todo o seu ciclo de vida. Muitas das vezes, "são pequenas iniciativas, como alterar o formato da tampa de uma embalagem para aumentar seu potencial de reciclabilidade. Nesse caso, o que fazemos é facilitar a captação daquele material por parte das cooperativas de reciclagem", exemplifica Keyvan Macedo, gerente de Sustentabilidade da Natura (NATURA, [201-]d).

Hoje, as áreas de inovação e desenvolvimento de produtos contam também com uma ferramenta, a calculadora integrada, que mensura ganhos e perdas ambientais, permitindo, ainda na fase de planejamento, estimar o potencial impacto ambiental de qualquer produto a ser lançado. As áreas seguem as diretrizes da Política de Uso Sustentável de Material Reciclado Pós-Consumo da Natura, lançada em 2013 (NATURA, [201-]d).

Em outra vertente de sua política de sustentabilidade a empresa vem desenvolvendo ações que contribuam para mitigar os efeitos indesejados das mudanças climáticas (NATURA, [201-]b). Alinhado a isso a empresa declara que sua estratégia de lançamentos e iniciativas de ecoeficiência deverão se constituir nos principais direcionadores da "nova ambição 2020". Após comemorar um grande feito em 2013 – a redução de 33,2% das emissões relativas de gases de efeito estufa (GEE), abrangendo toda a sua cadeia de valor –, a Natura divulgou outra meta ambiciosa, e se prepara agora para reduzir, até 2020, outros 33%, tendo como base o ano de 2012.

Tema relevante para a empresa, reafirmado no recente processo de revisão da materialidade, desde 2007 ela mantém seu programa Carbono Neutro, por meio do qual estruturou um modelo de gestão transversal, que integra a estratégia de negócio e compreende todas as fases dos processos de desenvolvimento, produção, ciclo do pedido e transporte dos produtos. Para alcançar a nova meta, a empresa se mobiliza em uma estratégia abrangente e que será cumprida em diferentes etapas. Em 2014, a dedicação esteve centrada no planejamento, mas algumas das novidades que chegaram ao mercado ao longo do ano já devem impactar o desempenho em emissões da companhia a partir de 2015, caso do desodorante aerossol Ecocompacto e da linha Natura Tododia, relançada no início do ano com embalagem de PET reciclado. De acordo com o gerente de Sustentabilidade da empresa, Keyvan Macedo, a expectativa é que o cumprimento da meta seja alavancado especialmente a partir de 2017, quando projetos específicos, que contribuirão de forma mais efetiva para o atingimento da ambição, deverão ser lançados (NATURA, [201-]b).

O programa Carbono Neutro é composto de três pilares. Na frente de medição e registro de emissões estão os inventários anuais de carbono. A frente de redução abrange as iniciativas para diminuir o indicador, enquanto a frente de compensação estabelece que todas as emissões não evitadas pela companhia sejam compensadas via aquisição de créditos de carbono (NATURA, [201-]b).

Quanto às iniciativas para atração de novas empresas e promoção de maior cooperação entre as empresas do parque, a Natura declara que por ora não há ainda um sistema de incentivo implantado. A perspectiva, entretanto, é que novas empresas deverão ser atraídas para o ecoparque no futuro próximo e poderão compartilhar o *know-how* da empresa obtido em mais de 15 anos de atuação na região, especialmente no que tange a organização e desenvolvimento de cadeias produtivas junto a comunidades extrativistas e agricultores familiares, tecnologias de produção sustentável no campo, relações com organizações governamentais e não governamentais, rede de fornecedores estabelecida para serviços como obras, manutenção, serviços gerais etc., assim como maior envolvimento conjunto em programas de formação de mão de obra e fortalecimento de empresas fornecedoras locais.

Dentre as empresas e respectivas cadeias produtivas que, além da linha de cosméticos, poderão ser selecionadas e incorporadas ao ecoparque, destacam-se: produtos de higiene pessoal, fertilizantes, medicamentos fitoterápicos e alimentos. Assim, deve-se considerar a liderança e as atribuições da Natura como "empresa-âncora" no processo de indução do adensamento de cadeias produtivas.

Cabe ainda à empresa aprofundar estudos e análises das relações de insumo-produto de outras empresas para identificação de demandas por recursos mais significativos nas cadeias produtivas selecionadas, assim como identificar oportunidades de atração de empresas para prestação de serviços compartilhados. Acrescente-se, também, a necessidade de identificação e validação junto ao poder estadual e aos poderes municipais das estratégias disponíveis para atração de empresas e adensamento de cadeias de valor em termos de financiamento, incentivos fiscais-tributários, planos diretores e projeções de investimentos.

3.5 Simbiose industrial em PIE chineses

O desempenho ambiental e econômico dos PIE da China são objetos de análise e avaliação em estudos, como em Fang, Cote e Qin (2007), Geng, Zhu e Haight (2007) e Zhang et al. (2009).

Por outro lado, o estudo de Campos-Silva e Amato Neto (2016) analisou 35 trabalhos de estudos de caso em PIE publicados entre os anos de 2004 e 2015. Dentre as análises realizadas, a categoria nacionalidade dos autores foi considerada com o intuito de verificar quais os países que se destacam no desenvolvimento de estudos de caso sobre os PIE. A análise, como apresentado na Figura 3.5, mostrou que a grande maioria dos autores (33%) têm origem na China.

Campos-Silva e Amato Neto (2016) também fizeram a identificação dos PIE objetos dos estudos e onde estes estão localizados. A Figura 3.6 deixa claro o protagonismo da China nesses estudos de caso, pois quase 50% dos PIE estudados estão localizados neste país, 20 em números absolutos.

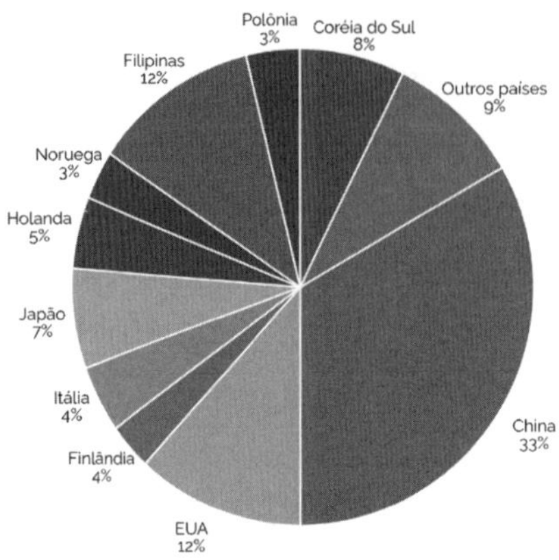

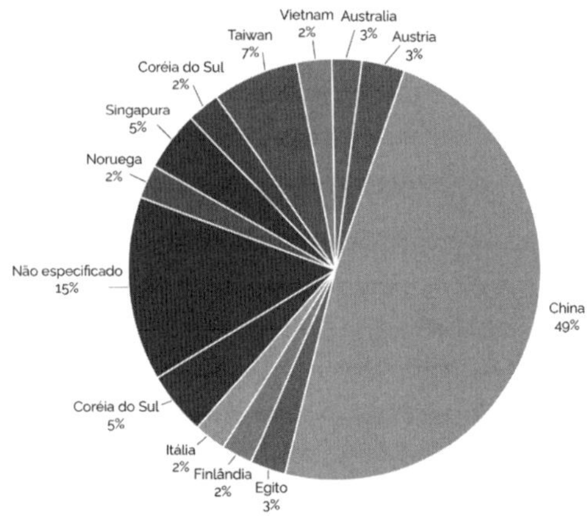

Figura 3.5
Fonte: Campos-Silva e Amato Neto (2016).

Figura 3.6

Esse protagonismo da China é destacado em alguns estudos que analisam as práticas de desenvolvimento ecoindustrial (GENG; COTE, 2004) ou ainda as experiências da China com os PIE (MATTHEWS; TAN, 2011; WANG et al., 2010). No Quadro 3.6 estão discriminados os PIE identificados, com destaque para os PIE chineses.

NOME DO PIE	PAÍS DO PIE
Beijing Economic Technological Development Area	China
BNEIDP	China
Daedok Technovalley	Coreia do Sul
Dafeng	China
Dalian Economic Development Zone (DEDZ)	China
Da-Yuan	Taiwan
Ecopark Hartberg	Áustria
Guitang Group	China
Jurong Island	Singapura
Kymi	Finlândia
Lin-Hai	Taiwan
Lin-Yuan	Taiwan
Macheon Industrial Park	Coreia do Sul
Nanhai	China
Oil Refinery	Noruega
Porto Marghera	Itália
Rizhao Economic and Technology Development Area (REDA)	China
SCIP	China
Shandong Lubei	China
Shenyang Economic and Technological Development Zone (SETDZ)	China
SIP	China
Suzhou Industrial Park	China
Synergy Park	Austrália
Tianjin Economic-Technological Development Area	China
Yantai Economy Technology Development Zone	China
Yeosu National Industrial Complex	Coreia do Sul
Yixing Economic Development Zone	China

Quadro 3.6 Lista de PIE identificados no estudo de Campos-Silva e Amato Neto (2016)
Fonte: adaptado de Campos-Silva e Amato Neto (2016).

A SI pode ser implementada em diferentes níveis, tanto para plantas individuais (nível micro) como para redes globais ou *clusters* regionais (nível macro) (ROBERTS, 2004). Nessas diferentes escalas, princípios de economia circular são aplicados para se obter a simbiose industrial (ANDERSEN, 2007; SU et al., 2013). Entre o nível micro e nível macro estão os PIE, "pois podem alcançar as economias de escala, que não podem ser obtidas no nível da empresa e aproveitam as proximidades geográficas, que são difíceis de explorar em redes dispersas" (BELLANTUONO; CARBONARA; PONTRANDOLFO, 2017, p. 363, tradução nossa).

A Economia Circular pode ser considerada um caminho para o desenvolvimento sustentável, em que a simbiose industrial em PIE constitui um segmento importante dessa estratégia (ZHANG et al., 2009, p. 264). Nesse caso, as ferramentas mais usadas para suportar a EC, como o *material flow analysis* (MFA), a Produção mais limpa e o *Ecodesign*, estão relacionadas à aplicação de SI e à implementação de PIE. Na maioria dos casos, ao aplicar essas ferramentas, diferentes fluxos de energia e materiais e infraestruturas e serviços comuns são compartilhados (SAAVEDRA et al., 2018).

Foi no final dos anos 1990 que o conceito de PIE chegou à China (ZHANG et al., 2009, p. 265). Iniciativas, como os PIE, vieram da necessidade de uma eficaz proteção ao meio ambiente para um desenvolvimento de longo prazo das indústrias (CAO; FENG; WAN, 2009; WANG et al., 2010). O setor industrial responde por cerca de 70% do consumo de energia do país e chega a ser responsável por até 72% das emissões de carbono chinesas (THIERIOT; SAWYER, 2015). De acordo com Cao, Feng e Wan (2009), a urgência nas ações de proteção ambiental é um reflexo do acelerado crescimento econômico, o qual causou graves problemas de poluição e de esgotamento dos recursos naturais.

Para enfrentar esses desafios, o governo chinês tem incentivado ativamente a implementação da EC no nível das empresas, PIE, cidades, províncias e regiões, o que foi explicado no seu 11º Plano quinquenal (FYP) entre 2006 e 2010 (ZHANG et al., 2009, p. 264). As práticas associadas aos níveis da escala de aplicação da EC estão representadas na Figura 3.7. Em particular, o governo está fazendo grandes esforços para promover o desenvolvimento do PIE como um componente-chave da EC.

Figura 3.7 Escala de aplicação da EC.
Fonte: Zhang et al. (2009, p. 264).

Segundo Thieriot e Sawyer (2015), a China implementa três programas como os principais para o desenvolvimento de zonas industriais com baixo carbono e PIE, são eles: (1) o Programa de Demonstração PIE; (2) a Transformação Circular de Parques Industriais; e (3) o Programa de Parque Industrial de Baixo Carbono. Cada um desses programas possui suas especificidades, contudo compartilham o objetivo principal de motivar e dar suporte a indústria chinesa para reduzir e mitigar seus impactos ambientais, mas também promover o aumento da competitividade (THIERIOT; SAWYER, 2015).

O sistema industrial chinês dispõe de uma classificação que possibilita enquadrar as áreas em Áreas Econômicas e de Desenvolvimento (EDA), Zonas de Desenvolvimento de Alta Tecnologia (HTDZ) e Parques Nacionais de Demonstração Ecológica Industrial (NEIDP) (ZHANG et al., 2009, p. 265). Tendo em vista esse sistema de classificação, os PIE podem surgir de uma estrutura física existente, seja na forma de uma EDA, HTDZ ou NEIDP ou então de uma nova estrutura física (ZHANG et al., 2009, p. 265).

A Administração Estadual de Proteção Ambiental (SEPA[7]) aprovou a criação de 26 PIE entre os anos de 2001 e 2007 (ZHANG et al., 2009). O Quadro 3.7 apresenta esses PIE e sua localização dentro do território chinês.

7 A Administração Estatal de Proteção Ambiental (SEPA), em março de 2008, foi alterada para o Ministério da Proteção Ambiental da República Popular da China (ZHANG et al., 2009).

NOME	LOCALIZAÇÃO	ÓRGÃO GESTOR
Guigang NEDIP	Guigang, Guangxi Zhuang Autonomous Region	Grupo Guitang
Nanhai NEDIP	Nanhai, Guangdong Province	Municipalidade
Baotou (aluminum) NEDIP	Baotou, Inner Mongolia Autonomous Region	Grupo de alumínio Baotou
Huangxing NEDIP	Changsha, Hunan Province	Municipalidade
Lubei NEDIP	Wudi County, Shandong Province	Grupo Lubei
Tianjin economic development area	Tianjin	Municipalidade
Fushun NEDIP	Fushun, Liaoning Province	Grupo industrial de mineiração Fushun
Dalian Economic Technological Development Area	Dalian, Liaoning Province	Municipalidade
Suzhou National New and High-Tech Industrial Development Zone	Suzhou, Jiangsu Province	Municipalidade
Suzhou Industrial Park	Suzhou, Jiangsu Province	Municipalidade
Guiyang–Kaiyang	Guiyang, Guizhou Province	Municipalidade
Yantai Economy Technology Development Zone	Yantai, Shandong Province	Municipalidade
Weifang	Weifang, Shandong Province	Municipalidade
Zhengzhou Shangjie	Zhengzhou, Henan Province	Municipalidade
Baotou Steel	Baotou, Inner Mongolia Autonomous Region	Grupo de ferro e aço Baotou
Shanxi Antai	Shanxi, Shanxi Province	Grupo Shanxi Antai
Qingdao New World	Qingdao, Shandong Province	Qingdao New World Company
Zhangjiagang Free Trade Zone and Jiangsu Yangtze River Chemical Park	Zhangjiagang, Jiangsu Province	Municipalidade
Kunshan Economic and Technical Development Zone	Kunshan, Jiangsu Province	Municipalidade
Fuzhou Economic and Technical Development Zone	Fuzhou, Fujian Province	Municipalidade
Wuxi New District	Wuxi, Jinagsu Province	Municipalidade
Shaoxing Paojiang Industrial Zone	Shaoxing, Zhejiang Province	Municipalidade
Rizhao Economic Development Zone	Rizhao, Shandong Province	Municipalidade
Shanghai Xinzhuang Industrial Park	Shanghai	Municipalidade
Qingdao North New High Tech Development Zones	Qingdao, Shandong Province	Municipalidade
Yangzhou Economic Development Zone	Yangzhou, Jinagsu Province	Municipalidade

Quadro 3.7 Os 26 PIE nacionais aprovados pela Administração Estadual de Proteção Ambiental (SEPA) (maio de 2007)
Fonte: Zhang et al. (2009, p. 266).

Esses PIE apresentados no Quadro 3.7 encontram-se geograficamente dispersos em toda a China, sendo que 4 PIE estão na região ocidental, 3 na região central e 19 na região leste (ZHANG et al., 2009). A Figura 3.8 traz a representação da distribuição desses parques pelo território chinês, e ainda destaca a localização de três deles: o parque industrial de Shanghai Xinzhuang (em Shangai), o parque industrial Suzhou (em Suzhou, na província de Jiangsu) e o Parque Nacional Industrial Ecológico de Demonstração Baotou (em Baotou).

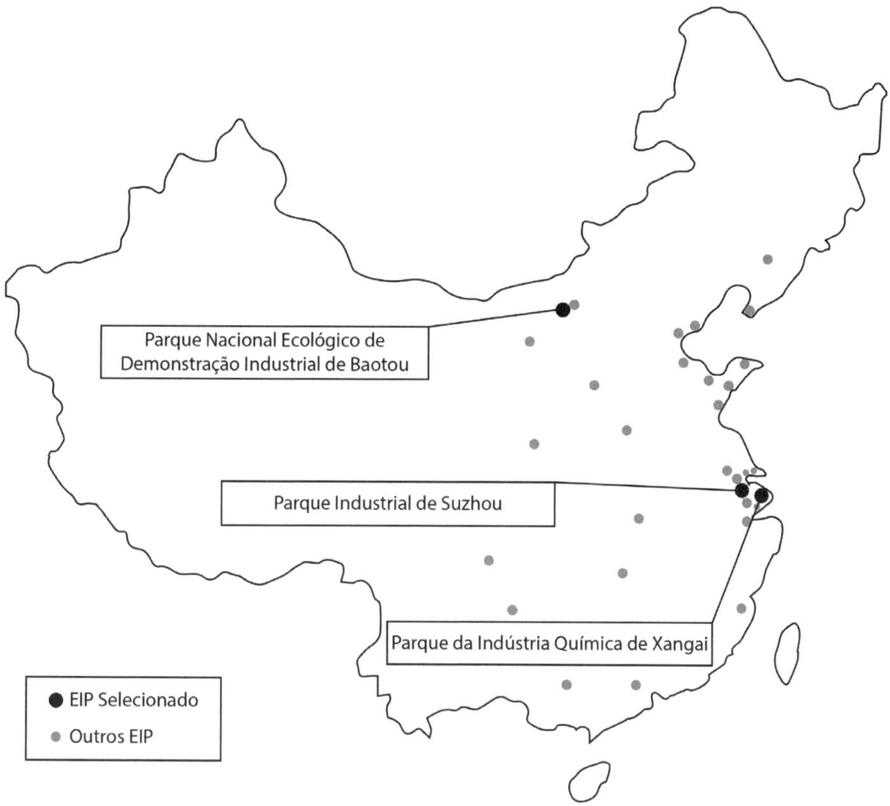

Figura 3.8 Localização de três centros de estudos PIE na China (Maio 2007).
Fonte: Zhang et al. (2009, p. 268).

Os próximos subcapítulos apresentarão descrições de quatro PIE chineses que têm recebidos destaque tanto dentro da China como em âmbito mundial, são eles: Suzhou Industrial Park (SIP), Suzhou New District (SND), Guitang Gruop (GG) e Tianjin Economic Development Area (TEDA).

O SIP é considerado um dos parques industriais mais desenvolvidos da China (YUAN et al., 2010). O SIP, o Parque de Alta Tecnologia de Suzhou, e o TEDA foram considerados, dentre 26 PIE, os mais bem avaliados pelo Relatório chinês de Progresso dos NEIDP (ZHANG et al., 2009, p. 268). O TEDA tem um lugar de destaque dentre os parques industriais chineses, sendo ele aprovado, em 2008, como um dos três primeiros ecoparques industriais no país (SHI; YU, 2014). Já o GG é reconhecido internacionalmente e é considerado um bom exemplo de responsabilidade ambiental e de conservação de recursos (SHI; CHERTOW; SONG, 2010; ZHANG et al., 2010).

3.5.1 Suzhou City

Entre os anos de 2001 e 2007, o State Environmental Protection Administration (SEPA) aprovou a construção de 26 PIE na China, dentre eles: 1) Suzhou Industrial Park (SIP) e 2) Suzhou National New e HighTech Industrial Development Zone (SND) (ZHANG et al., 2009, p. 267).

Segundo Zhang et al. (2009, p. 268), o Relatório chinês de Progresso dos NEIDP avaliou o desempenho dos 26 PIE aprovados pela SEPA, dos quais os quatro principais avaliados foram a Zona de Desenvolvimento Econômico e Tecnológico de Yantai, o Parque Industrial de Suzhou (SIP), o Parque de Alta Tecnologia de Suzhou e o TEDA. Em seguida serão apresentadas algumas informações a respeitos de ambos os PIE, SIP e SND.

3.5.1.1 Suzhou New District (SND)

Já no ano de 1992, quando foi estabelecido, o Suzhou New District (SND) tinha a intenção de atuar alinhado a uma estratégia de desenvolvimento sustentável (MO; WEN; CHEN, 2009). Em 1999, dentro da China, o SND foi a primeira região industrial a receber uma certificação ISO 14001 (SHI; CHERTOW; SONG, 2010). Quinze anos após seu início (2007), ele recebeu duas aprovações que ratificariam ainda mais essa postura: 1) a *National Development and Reform Commission* o aprovou como uma *National Pilot Circular Economy Zone* (Zona Piloto Nacional de Economia Circular) *e* 2) o *Ministry of Environmental Protection* a aprovou como *National Pilot Eco-industrial Parks* (Ecoparque Industrial Piloto Nacional) (WEN; MENG, 2015).

O SND está localizado no sudoeste da China, na província de Jiangsu, pertencente a cidade de Suzhou (WEN; MENG, 2015). Ele está a sudeste do Lago Taihue e é considerado uma *High-tech Development Zone* (HTDZ) (Zona Hi-Tech de Desenvolvimento Industrial) (WEN; MENG, 2015; ZHANG et al., 2009).

A principais indústrias atuantes no SND incluem eletrônicos, engenharia química, ferro e aço e têxteis. Dentre essas indústrias, a que apresenta mais destaque e importância é a indústria eletrônica, formada por três cadeias industriais principais: 1) cadeias industriais de *printed circuit boards* (PCB) (placas de circuito impresso); 2) osciladores de cristal; e 3) *liquid crystal display* (LCD) (*display* de cristal líquido) (WEN; MENG, 2015). A cadeia industrial das PCB recebe destaque entre as demais cadeias principais, pois desenvolve economia circular há mais tempo e com uma experiência mais rica.

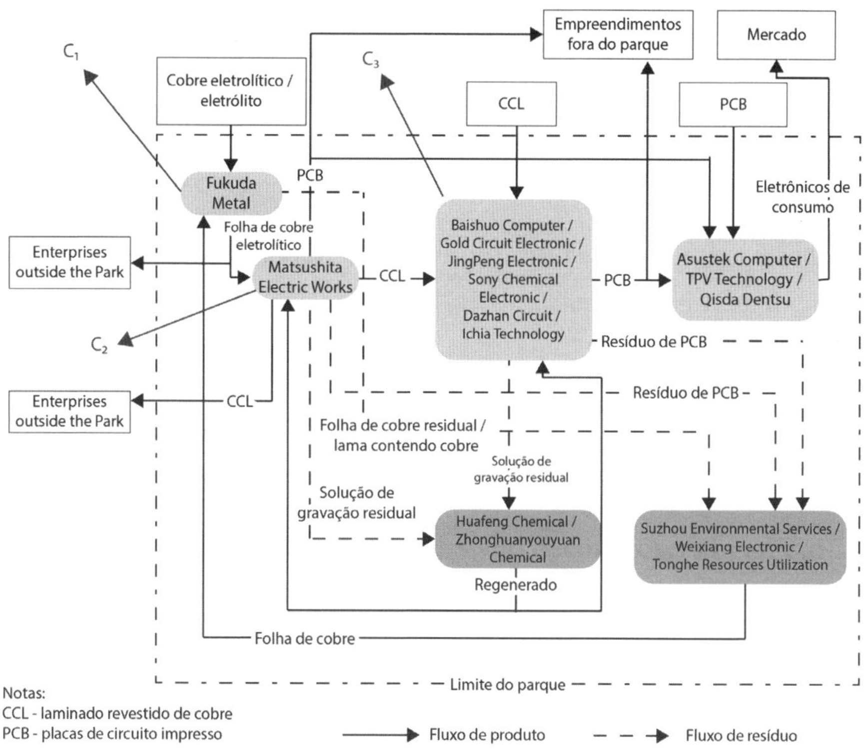

Figura 3.9 Simbiose industrial da cadeia de *printed circuit boards* (PCB) no SND, China.
Fonte: Wen; Meng (2015, p. 214).

A Figura 3.9 faz uma representação da cadeia de produção de PCB e da cadeia de utilização de resíduos de PCB, os quais constituem o sistema de simbiose industrial do SND. A simbiose industrial de PCB está focada na produção de placas de circuito impresso e de cobre (WEN; MENG, 2015).

Existem cinco categorias de empresas no sistema de simbiose do SND. Os principais produtos dessas categorias de empresas e o papel delas no sistema de simbiose podem ser vistos com mais detalhes no Quadro 3.8 (WEN; MENG, 2015). De acordo com Wen e Meng (2015, p. 214, tradução nossa)

> As quatro primeiras categorias constituem a principal cadeia de produção de PCB no sistema de simbiose ecoindustrial. Através da implementação de uma produção mais limpa, como a utilização de cascata de energia, reutilização de água reutilizada, etc., essas empresas praticam o princípio de "reduzir, reutilizar, reciclar", para desenvolver EC.
>
> A quinta categoria constitui a cadeia veia industrial (reciclagem de recursos) do sistema de simbiose, incluindo instalações de tratamento de resíduos e serviços de disposição para os resíduos gerados pelas empresas nas quatro primeiras categorias.

CAT.	EMPRESAS	PRODUTOS LÍDERES	PAPEL NO SISTEMA DE SIMBIOSE INDUSTRIAL (SI)
1	Fukuda Metal	Lâmina de cobre eletrolítico	Como única empresa produtora de folhas de cobre eletrolítico, é considerada uma empresa a montante e fornece a matéria-prima para as empresas a jusante
2	Matsushita Electric Works	CCL, PCB	Utiliza folha de cobre eletrolítico para produzir revestimentos de cobre para empresas de produção de PCB e também processa CCL em PCB, que é fornecido para fabricantes de eletrônicos
3	Baishuo Computer, Gold Circuit Electronics, Suzhou Jingpeng Electronic, Sony Chemical Electronic, Dazhan Circuit, Ichia Technology	PCB etc.	Essas empresas usam o CCL fornecido pela Matsushita Electric Works (China) Co. para produzir PCB
4	Asustek Computer, TPV Technology Group, Suzhou Qisda Dentsu	Produtos eletrônicos como LCD etc.	Essas empresas realizam a produção e montagem de produtos eletrônicos.
5	Huafeng Chemical, Zhonghuanyouyuan Chemical	Solução de gravação regenerada, sulfato de cobre etc.	Eles coletam solução de deposição de resíduos da segunda e terceira categorias de empresas, recuperam o sulfato de cobre dos resíduos e, em seguida, fazem uma solução de gravação regenerada, que é devolvida ao processo de produção das duas categorias de empresas acima
5	Weixiang Electronic Waste Disposal, Tonghe Resources Utilization, Suzhou Environmental Services	Cobre eletrolítico, cobre secundário, etc	São empresas de serviços ambientais que coletam os resíduos de cobre gerados pelas antigas quatro categorias de empresas. Elas se envolvem na regeneração de recursos de sucata de cobre, resíduos etc.

Quadro 3.8 As cinco categorias de empresas no sistema de SI de PCB
Fonte: Wen e Meng (2015, p. 213).

O Quadro 3.9 apresenta uma síntese das classificações encontradas na literatura para este PIE.

PIE	BASE TEÓRICA	CLASSIFICAÇÃO	FONTE
Suzhou New District (SND)	Surgimento e desenvolvimento (CHERTOW, 2007)	Modelo de PIE planejado	(WEN; MENG, 2015)
	Composição industrial (MINISTRY OF ENVIRONMENTAL PROTECTION OF THE PEOPLE'S REPUBLIC OF CHINA, 2006a, 2006b, 2009)	Parque de setores integrados	(ZHANG et al., 2009)
	Natureza das relações entre os membros (WANG, 2009; WANG; YIN, 2005)	Parque orientado para a igualdade	-

Quadro 3.9 Síntese das classificações para o Suzhou New District (SND)

A cerca de 10 km de distância do SND está localizado o Suzhou Industrial Park (SIP), o qual será foco da próxima sessão (INKPEN; WANG, 2006).

3.5.1.2 Suzhou Industrial Park (SIP)

A colaboração entre o governo da China e o governo de Singapura fez nascer em fevereiro de 1994 o Suzhou Industrial Park (SIP) (YU et al., 2015; YUAN et al., 2010). O projeto entre esses governos e suas agências, com um custo estimado de US$ 20 bilhões (PERRY; YEOH, 2000), foi formalizado por meio de três acordos (INKPEN; WANG, 2006), quais sejam:

> um acordo de governo para governo assinado por Lee Kuan Yew, de Singapura, e Li Lanqing, da China; este acordo permitiria que Singapura passasse seu conhecimento, ou "software", [1] através do desenvolvimento do SIP; (2) um acordo sobre transferência de software entre as agências do governo de Singapura, liderado pela Jurong Town Corporation (JTC) de Singapura e pelo município de Suzhou; e (3) um acordo sobre a construção e comercialização do município assinado entre os consórcios de Singapura e da China. Desde o início, o SIP foi visto como um projeto prioritário na cooperação econômica entre a China e Singapura, que contou com o apoio dos principais líderes dos dois países (INKPEN; WANG, 2006).

<u>Nota</u>: CCL, *copper clad laminate*; PCB, *printed circuit boards; LCD, liquid crystal display.*

O SIP está localizado no sudoeste da China (ZHANG et al., 2009, p. 268). Contudo, enquanto o SND está localizado na parte ocidental da cidade de Suzhou (WEN; MENG, 2015, p. 213), o SIP se encontra na parte oriental da cidade (YU et al., 2015, p. 266). A principal área industrial do SIP é a *China-Singapore Core Cooperative Zone*, ocupando 80 km^2 (28%) dos 288 km^2 de área total do parque (YU et al., 2015; YUAN et al., 2010).

Em número de 2012, os residentes permanentes (população registrada e não registrada) totalizaram 700 mil (YU et al., 2015). Dos 288 km^2 do SIP, 25% da terra está destinada à indústria, enquanto 30% são terrenos comerciais e residências, os 45% restantes são espaço verde e água (YU et al., 2015; YUAN et al., 2010).

O SIP é considerado um dos parques industriais mais desenvolvidos da China (YUAN et al., 2010), tendo o PIB em 2012 atingido RMB[8] 173,8 bilhões, representando 15% do PIB da cidade de *Suzhou* (YU et al., 2015). O Quadro 3.10 apresenta uma visão geral do SIP.

ELEMENTOS	INFORMAÇÕES
Localização	Suzhou, Jiangsu province
Gestão	Governos da China e de Singapura
Principais indústrias e características	Eletrônicos, TI, *software*, química, farmacêutico, saúde
Ano de estabelecimento	1994
Início de operação (ano)	2004
Áreas planejada (km^2)	288
Área atual (km^2)	70º
Número total de empresas	11.4000
Taxa de investimento estrangeiro (%)	42,5%
Rede de transporte	Via expressa, ferrovia, rio interno e companhias aéreas
Sistema de suporte	Apoio governamental (todo o processo, serviços de dia inteiro e de qualidade), altamente eficiente, transparente e justo
Infraestrutura e instalações públicas	Nove tipos de serviços públicos (fornecimento de estradas, eletricidade, água, gás e vapor, tratamento de águas residuárias, telecomunicações, preparação de locais, alfândega, unidade de prevenção de acidentes) e aterramento

Quadro 3.10 Visão geral SIP: instalações e sistema de apoio
Fonte: Adaptado de Zhang et al. (2009, p. 269-270).

8 Renminbi (RMB) é a moeda da China, sendo 100 RMB aproximadamente igual a 16 dólares dos EUA (YU et al., 2015, p. 266).

Na Figura 3.10 é possível ver que as indústrias de Eletrônicos e Telecomunicações e Máquina de precisão são as duas principais indústrias do SIP, sendo elas responsáveis por uma soma de 67% do PIB do SIP em 2012 (YU et al., 2015, p. 267).

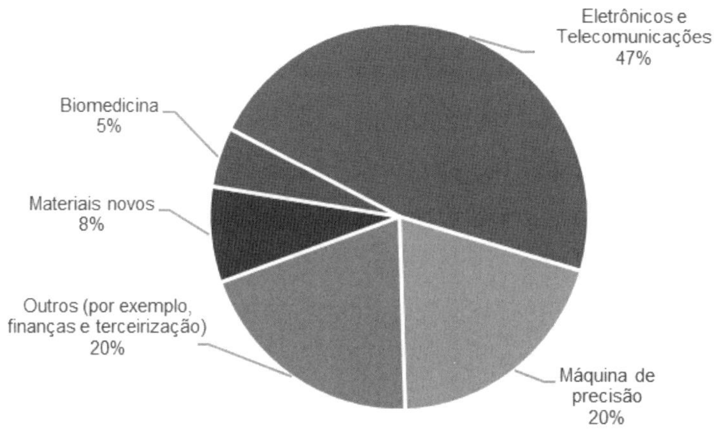

Figura 3.10 A proporção da contribuição das indústrias para o PIB do SIP em 2012
Fonte: Adaptado de Yu et al. (2015, p. 267).

Os princípios da proteção ambiental foram considerados no planejamento e formulação de políticas desde que o SIP foi estabelecido. Uma mostra desse desenvolvimento é que, em 2001, o SIP obteve o título de *National Demonstration Zone* da ISO14000 (YU et al., 2015, p. 268). Os instrumentos políticos relacionados às questões ambientais estão organizados no Quadro 3.11.

INSTRUMENTOS DE POLÍTICAS	ANO	CONTEÚDO
Instrumentos econômicos	2007	Sistema de preços de quotas de água.
	2008	Financiamento anual para proteção ambiental (Orçamento: 50 milhões de RMB / ano) Melhoria de empresas intensivas de poluentes; Restauração ecológica regional; Tecnologias para prevenção da poluição e água recuperada; ISO14001; Auditoria de produção mais limpa; Monitorização e resposta de emergência.
	2008	Financiamento anual para economia de energia (Orçamento: 15 milhões de RMB / ano) Melhoria Tecnológica; Novos produtos para economizar energia; Aplicação de energia limpa ou renovável (por exemplo, gás natural, energia solar, bomba de calor de fonte subterrânea / água); Eliminação da capacidade de produção retrógrada; Auditoria energética.
	2012	Financiamento anual para construção verde; Certificado de construção verde; Aplicação de energia renovável aos edifícios; Instalar sistema de monitoramento para auditoria energética; Etiqueta de eficiência energética para edifícios; *Retrofitting* de edifícios existentes.
Instrumentos regulatórios	1995	Medidas de Proteção Ambiental para Projetos de Construção (em julgamento).
	1995	Regra de veto de um voto pela inspeção ambiental e energética.
	1997	Medidas de prevenção de resíduos perigosos (em julgamento).
	1997	Medidas de supervisão e gestão de estações de tratamento de águas residuais em questões ambientais.
	1999	Medidas sobre gestão de descarga de águas residuais.
	2007	Eliminação de todas as caldeiras a carvão, exceto a planta de cogeração. Melhorias nas condições ambientais de entrada para novos projetos.
	2007	Auditoria energética obrigatória para consumidores com consumo intensivo de energia (consumo de energia 5 quilo tce / ano).
	2009	Interrupção na contratação de projetos químicos e rompimento com as empresas químicas atrasadas.
	2010	Auditoria energética obrigatória para consumidores com consumo intensivo de energia (consumo de energia de 3 quilo tce / ano)
Instrumentos voluntários	2005	Etiqueta de organizações e indivíduos de demonstração de economia circular.
	2009	Filiação à EHS (Environment, Health and Safety)
	2009	Treinamento e *workshops* para auditoria de produção mais limpa e auditoria energética.
	2010	Associação de negócios de baixo carbono.
	2012	Divulgação voluntária de informação ambiental.

Quadro 3.11 Instrumentos de política para promover o desenvolvimento do PIE no SIP
Fonte: Yu et al. (2015, p. 268).

Nota: tce, toneladas de equivalente de carvão padrão.

Dentro do SIP é possível observar dois grandes grupos de sinergias de recursos: a primeira delas é uma simbiose entre as plantas de águas residuais, lama e cogeração; no segundo grupo é realizada uma simbiose entre a energia elétrica de aquecimento, refrigeração e eletricidade (YU et al., 2015, p. 269). Existe um compartilhamento das usinas de águas residuais para tratar o esgoto industrial e o doméstico, da mesma forma os serviços de água, energia e resíduos abastecem tanto as áreas industriais como as residenciais do SIP (YU et al., 2015, p. 269).

O Quadro 3.12 apresenta uma síntese das classificações encontradas na literatura para esse PIE.

PIE	BASE TEÓRICA	CLASSIFICAÇÃO	FONTE
Suzhou Industrial Park (SIP)	Surgimento e desenvolvimento (CHERTOW, 2007)	Modelo de PIE planejado	(INKPEN; WANG, 2006),
	Composição industrial (MINISTRY OF ENVIRONMENTAL PROTECTION OF THE PEOPLE'S REPUBLIC OF CHINA, 2006a, 2006b, 2009)	Parque de setores integrados	(ZHANG et al., 2009)
	Natureza das relações entre os membros (WANG, 2009; WANG; YIN, 2005)	Parque orientado para a igualdade	-

Quadro 3.12 Síntese das classificações para o Suzhou Industrial Park (SIP)

3.5.2 Guitang Group (Guitang Park)

No ano de 1954, o governo chinês criou na cidade de Guigang o *Guitang Group* (GG). Essa companhia é uma das maiores refinarias de açúcar da China, com um complexo que cobre mais de 2 km^2 (ZHU et al., 2007), e para Zhu e Cote (2004) era a maior empresa estatal da cidade de Guigang. Esta cidade está localizada no sudoeste da China, onde cerca de 50% do PIB global é gerado pelas refinarias de açúcar e as indústrias relacionadas (ZHU et al., 2007; ZHU; COTE, 2004).

Apesar de o GG operar inicialmente uma refinaria de açúcar, ele expandiu seu negócio para operar uma fábrica de celulose, uma fábrica de papel, uma planta de álcool, uma usina de cimento e uma planta de fertilizantes (BOONS et al., 2017; SHI; CHERTOW; SONG, 2010; ZHU; COTE, 2004).

Em seu trabalho, Zhu e Cote (2004) trazem dados da produção total anual do GG, sendo 120.000 toneladas de açúcar, 85.000 toneladas de papel,

10.000 toneladas de álcool, 330.000 toneladas de cimento, 8.000 toneladas de álcali e 30.000 toneladas de fertilizantes. O Quadro 3.13 apresenta uma síntese de informações sobre o GG.

FATORES	INFORMAÇÕES
Nome	Shenzhen Huaqiang Holdings Ltd. (formerly Guitang Group),
Localização	China
Institucionalização	Proprietários privados
Instalações típicas envolvidas	Refino de açúcar, álcool, papel e celulose, cimento, recuperação de álcalis, agricultura
Materiais envolvidos	Lodo, álcool, fertilizante, álcali

Quadro 3.13 Informações gerais sobre o GG
Fonte: Chertow e Ehrenfeld (2012).

O bom desempenho econômico e o uso responsável dos recursos naturais garantiu ao GG, no ano de 2000, a aprovação e a orientação da SEPA para desenvolver suas atividades no modelo de um parque ecoindustrial (SHI; CHERTOW; SONG, 2010; ZHU et al., 2007). Este PIE é reconhecido internacionalmente e é considerado um bom exemplo de responsabilidade ambiental e de conservação de recursos (SHI; CHERTOW; SONG, 2010; ZHANG et al., 2010). Mesmo antes de adotar um modelo de PIE, o GG vem desenvolvendo desde os anos 1970 um sistema que pode ser caracterizado como sendo de simbiose, tanto interna quanto externa (ZHU et al., 2007).

"O GG lança mão de diversas estratégias para criar e aumentar as sinergias da simbiose industrial interna e externa, de forma a diminuir as emissões e os custos de disposição final através dessas sinergias" (SAAVEDRA et al., 2018; ZHU et al., 2007).

O Quadro 3.14 apresenta uma síntese das classificações encontradas na literatura para este PIE.

PIE	BASE TEÓRICA	CLASSIFICAÇÃO	FONTE
Guitang Group	Surgimento e desenvolvimento (CHERTOW, 2007)	Modelo de PIE auto-organizado	(CHERTOW, 2007)
	Estágio de evolução da SI (CHERTOW; EHRENFELD, 2012)	Estágio 3, Integração e Institucionalização	(CHERTOW; EHRENFELD, 2012)
	Processo de desenvolvimento do parque (YUAN et al., 2004)	Transformado a partir de grupos de empresas existentes	(ZHANG et al., 2014)
	Composição industrial (MINISTRY OF ENVIRONMENTAL PROTECTION OF THE PEOPLE'S REPUBLIC OF CHINA, 2006a, 2006b, 2009)	Parque de setor específico	(ZHANG et al., 2014) (ZHANG et al., 2009) (ZHU et al., 2007)
	Natureza das relações entre os membros (WANG, 2009; WANG; YIN, 2005)	Parque orientado para a dependência	(ZHANG et al., 2014)
	Uso da teoria de "espécies-chave" a partir de pesquisas sobre sistemas naturais	Parque de dependência única	(ZHANG et al., 2014)

Quadro 3.14 Síntese das classificações para o Guitang Group

3.5.3 Tianjin Economic Development Area (TEDA)

Fundado em dezembro de 1984, o *Tianjin Economic-Technological Development Area* (TEDA) é uma das primeiras 14 zonas de desenvolvimento econômico nacional na China. Este PEI está localizado a leste da cidade de Tianjin, a 130 km a sudeste da cidade de Pequim, capital da China (LIU et al., 2018; SHI; YU, 2014; WANG; DEUTZ; CHEN, 2017).

A TEDA é uma zona que comporta tanto áreas industriais como comerciais/residenciais, como tantas outras na China. Dos 45 km^2 de área construída no ano de 2007, mais de 75% (34 km^2) são destinados para a atividade industrial, sendo os demais 11 km^2 formados por área residencial (SHI; CHERTOW; SONG, 2010).

A TEDA tem um lugar de destaque dentre os parques industriais chineses, sendo ele aprovado, em 2008, como um dos três primeiros ecoparques industriais no país (SHI; YU, 2014).

Em 1984, ano da criação, a atividade econômica desenvolvida na TEDA era a produção de sal, resultando em um valor produzido de 2 milhões de Yuan (SHI; CHERTOW; SONG, 2010). Quando o investimento estrangeiro chegou à TEDA, entre as primeiras empresas estavam a *Danhua Bicycle*, *Jingtai Porcelain* e a *Wella Cosmetics*. Dessas primeiras empresas, até o ano de 2010, a TEDA aprovou 4.870 empresas estrangeiras, o que envolve um montante de US$62.207 bilhões de investimentos em projetos e 9.546 empresas financiadas pelo país com capital social total de 177.069 bilhões de RMB (SHI; CHERTOW; SONG, 2010; YU; DE JONG; DIJKEMA, 2014). Em 2010, o PIB da TEDA foi de 154.586 bilhões de RMB (YU; DE JONG; DIJKEMA, 2014).

Ao longo da evolução da TEDA as indústrias eletrônicas, automotivas e de máquinas, biotecnologia e farmacêuticas e indústrias de alimentos e bebidas galgaram o posto de destaque, sendo responsáveis por um valor bruto de produção industrial de 308 bilhões de RMB (SHI; CHERTOW; SONG, 2010).

Além destas, operam na TEDA as indústrias de petróleo e produtos químicos, metalurgia moderna, novas energias e materiais de aviação, finanças e serviços (WANG; DEUTZ; CHEN, 2017). As sete principais indústrias deste parque tão diversificado e sua participação relativa estão representados na Figura 11.

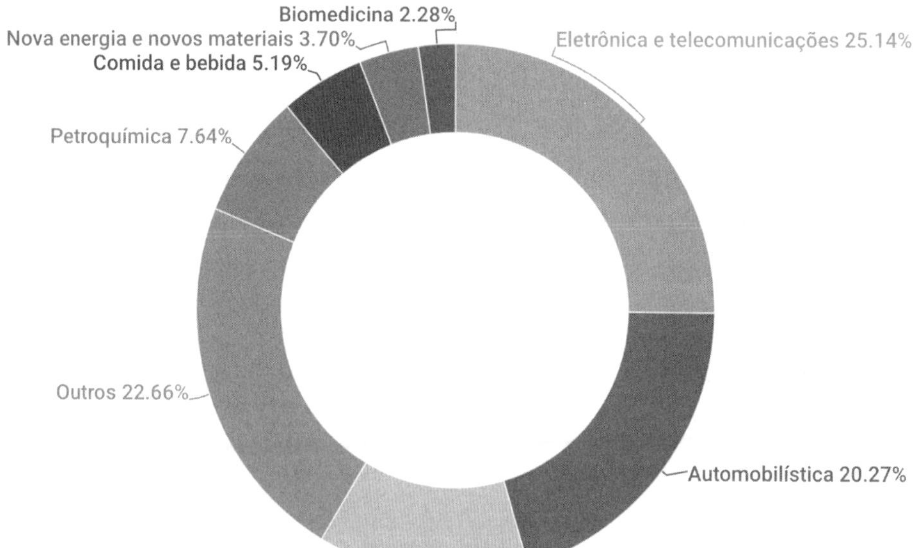

Figura 3.11 A proporção das indústrias na TEDA até 2010.
Fonte: Yu, De Jong e Dijkema (2014, p. 4).

O Quadro 3.15 apresenta uma síntese de informações sobre a TEDA.

FATORES	INFORMAÇÕES
Nome	Tianjin Economic Development Area
Localização	Tianjin, China
Institucionalização	Municipalidade Tianjin Economic Development Area Environmental Protection Bureau
Instalações típicas envolvidas	Farmacêutica, alimentos e bebidas, eletrônicos, maquinário, outros
Materiais envolvidos	Água, metais, substâncias químicas, cinzas, escória, resíduos orgânicos

Quadro 3.15 Informações gerais sobre a TEDA
Fonte: Baseado em Zhang et al. (2009, p. 266) e Chertow e Ehrenfeld (2012).

Desde o início de 1990, a TEDA se viu na necessidade de realizar atividade para conservar e fazer o uso eficiente de dois recursos críticos, a água e as terras utilizáveis. Devido à escassez excessiva de ambos os recursos, posteriormente a TEDA desenvolveu diversas ações de simbiose industrial, as quais envolviam recursos como energia, materiais e água (SHI; CHERTOW; SONG, 2010; YU; DE JONG; DIJKEMA, 2014).

O estudo realizado por Shi, Chertow e Song (2010) na TEDA revelou 81 relações simbióticas interfirmas que se formaram ao longo dos 16 anos anteriores à pesquisa. Dessas relações, 33 delas eram realizadas entre as empresas localizadas dentro dos limites do PIE, contudo 48 envolviam empresas internas ao parque e outras não pertencentes a ele (BELLANTUONO; CARBONARA; PONTRANDOLFO, 2017; SHI; CHERTOW; SONG, 2010). A maioria dessas transações relaciona-se com materiais, mas existiam várias ocorrências de intercâmbios simbióticos de água e energia, os quais envolviam os setores de utilidade, automotivo, eletrônica, biotecnologia, alimentos e bebidas e aglomerados de recuperação de recursos (SHI; CHERTOW; SONG, 2010; SHI; YU, 2014).

Os PIE chineses têm uma característica importante que é o compartilhamento de serviços públicos e infraestrutura ambiental. Essa marca advém do entendimento de que é essencial fornecer serviços de utilidade e infraestrutura de alta qualidade e baixo custo às empresas para promover seus investimentos (SHI; CHERTOW; SONG, 2010). A Figura 3.12 ilustra as trocas simbióticas que estão associadas ao setor de serviços públicos.

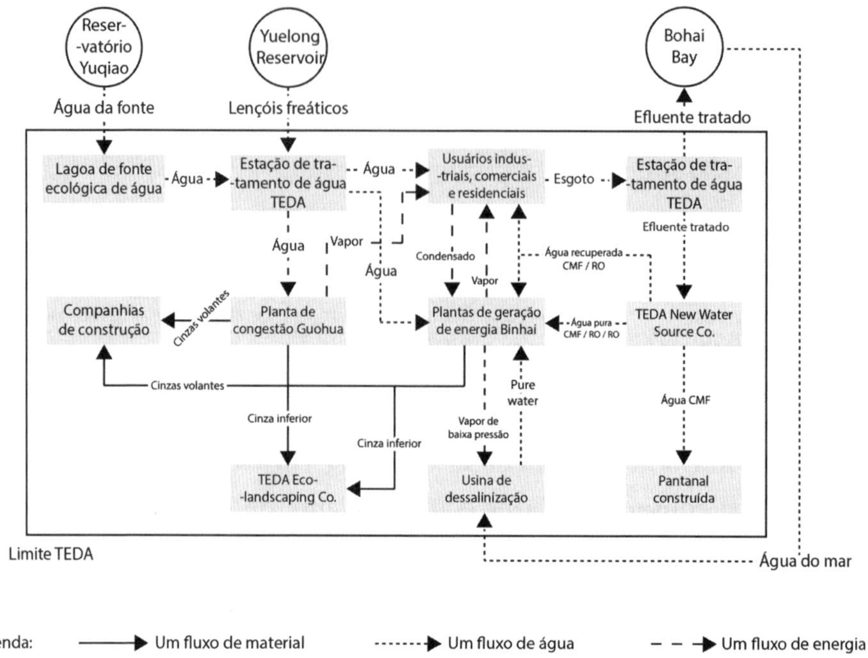

Figura 3.12 Intercâmbios simbióticos associados ao setor de serviços públicos.
Fonte: Shi, Chertow e Song (2010).

Ocorrem várias trocas simbióticas na indústria de automóveis e máquinas. As relações entre as empresas desse grupamento estão fundamentadas, basicamente, "na reciclagem em circuito fechado de chapas galvanizadas e alumínio em instalações de fabricação de automóveis da Toyota, bem como na reciclagem de chumbo em circuito fechado entre Tianjin Tong Yee Industrial Co., Ltd. e Tianjin TOHO Lead Recycling Co., Ltd" (SHI; CHERTOW; SONG, 2010, p. 196).

No ano de 2010, teve início na TEDA o "*EU Switch-Asia Project: Implementing Industrial Symbiosis and Environmental Management System in the Tianjin Binhai New Area*", com o objetivo de estabelecer uma rede de simbiose industrial com 800 pequenas e médias empresas membros do PIE (SHI; YU, 2014). Entre os anos de 2010 e 2013, as atividades realizadas pelo projeto (oficinas, visitas e seminários) potencializaram o crescimento e a descoberta de relações simbióticas, elevaram as receitas e melhoraram os indicadores ambientais, conforme mostra a Tabela 3.1.

ELEMENTOS	2010	2011	2012	2013
Número de Membros	174	536	635	931
Número de Sinergias	10	27	43	87
Abatimento de CO_2 (ton)	205	11.000	42.000	89.355
Desvio de aterro (ton)	50	3.000	257.000	321.076
Redução de matéria-prima (ton)	50	3.000	872.000	936.388
Aumento da receita (10,000 RMB)	7,23	552	8.963	11,040

Tabela 3.11 Sinergias industriais na TEDA (2010-2013)
Fonte: Adaptado de Shi e Yu (2014).

As redes de SI que emergem na TEDA recebem estímulo por meio de diversos instrumentos institucionais e de gestão (SHI; CHERTOW; SONG, 2010; YU; DE JONG; DIJKEMA, 2014). Nesse âmbito, em 1984 foi criado o Comitê Administrativo (CA) da TEDA, o qual tem a responsabilidade de fazer a gestão administrativa do parque, além da elaboração e supervisão das regulações. A CA "também é responsável pela auditoria de projetos de investimento, o planejamento de infraestruturas e serviços públicos e a definição de tarifas de infraestrutura", dando ao CA um papel institucional para desenvolvimento econômico e ambiental do parque (YU; DE JONG; DIJKEMA, 2014).

Já em 2010 a CA criou a TEDA Ecocenter, com o intuito de coordenar a SI entre firmas e outras atividades de baixas emissões de carbono, além de integrar recursos de diferentes departamentos governamentais para oferecer o programa TBNA IS.[9] A Figura 3.13 apresenta os principais atores institucionais de coordenação da TEDA, dentre eles os departamentos dos governos local e regional.

9 O objetivo principal do projeto TBNA IS era encorajar as empresas locais a se envolverem no intercâmbio de resíduos (WANG; DEUTZ; CHEN, 2017, p. 1572).

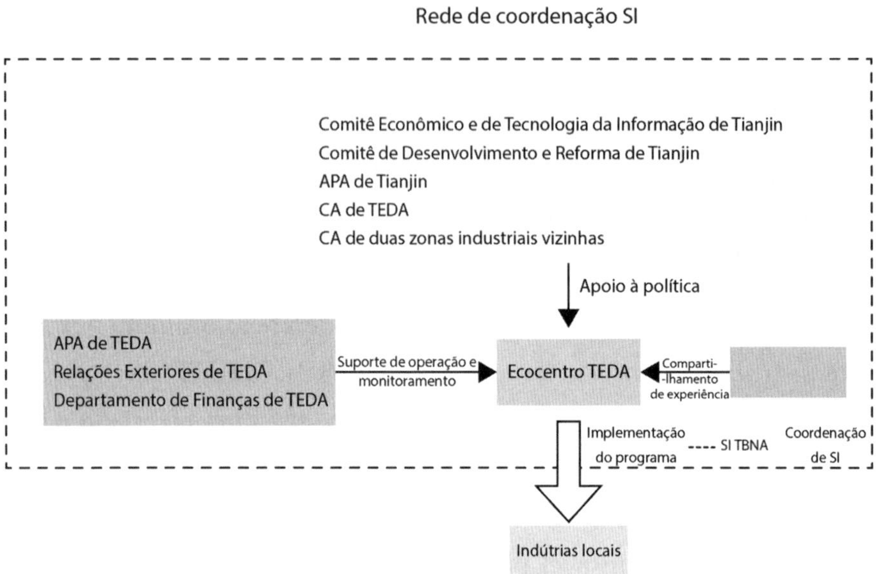

Figura 3.13 Principais participantes na Rede de Coordenação IS.
Fonte: Wang, Deutz e Chen (2017, p. 1576).

Apesar de as questões ambientais terem recebido uma crescente atenção pelo governo nacional da China, a TEDA considera que apenas confiar no governo não é suficiente para desenvolver o PIE, e para isso conta, além da própria orientação governamental, com as empresas, a disseminação da mídia, a cooperação internacional e a participação da comunidade (LIU et al., 2018, p. 420). Sobre o último ator, "a TEDA organiza as comunidades para propagar a sociedade de baixa emissão de carbono através da construção da escola verde, organizando a atividade de carbono para famílias etc." (LIU et al., 2018, p. 420).

Há forte expansão das principais atividades de SI ao longo do tempo, "desde o compartilhamento de utilidade até mais trocas de subprodutos reais e compartilhamento de informações. Algumas empresas da TEDA evoluíram gradualmente para fornecedor, reciclador e receptor de material" (YU; DE JONG; DIJKEMA, 2014, p. 9, tradução nossa).

Ressalte-se que o papel da CA da TEDA variou em diferentes fases. Inicialmente, concentrou-se em planejar e construir infraestruturas a partir de investimentos e subsídios. Em seguida, as metas mudaram para as políticas de incentivo para IS e avaliação e monitoramento. Os órgãos de coordenação da comunidade empresarial e do governo, como o WMC e o Ecocenter, fornecem plataformas de comunicação e consulta para auxiliar a implementação de políticas. Especialmente a TEDA *Ecocenter* desempenha o papel de catalisador na geração de um entendimento comum sobre ecossoluções.

O Quadro 3.16 apresenta uma síntese das classificações encontradas na literatura para este PIE.

PIE	BASE TEÓRICA	CLASSIFICAÇÃO	FONTE
Tianjin Economic Development Area (TEDA)	Surgimento e desenvolvimento (CHERTOW, 2007)	Modelo de PIE planejado	(SHI; CHERTOW; SONG, 2010) (ZHANG et al., 2014)
	Estágio de evolução da SI (CHERTOW; EHRENFELD, 2012)	Estágio 3, Integração e Institucionalização	(CHERTOW; EHRENFELD, 2012)
	Processo de desenvolvimento do parque (YUAN et al., 2004)	Parque ecoindustrial recentemente planejado	(SHI; CHERTOW; SONG, 2010) (ZHANG et al., 2014)
	Composição industrial (MINISTRY OF ENVIRONMENTAL PROTECTION OF THE PEOPLE'S REPUBLIC OF CHINA, 2006a, 2006b, 2009)	Parque de setores integrados	(SHI; CHERTOW; SONG, 2010) (ZHANG et al., 2014) (ZHANG et al., 2009)

Quadro 3.16 Síntese das classificações para a Tianjin Economic Development Area (TEDA)

3.5.4 Síntese das classificações

PIE	BASE TEÓRICA	CLASSIFICAÇÃO	FONTE	EVIDÊNCIA
Kalundborg	Tipos de trocas de materiais (CHERTOW, 2000)	Tipo 4	(CHERTOW, 2000)	Os parceiros primários não estão nas redondezas, mas estão dentro de um raio de cerca de três quilômetros. Kalundborg não é estático, mas sim um exemplo dinâmico de empresas vizinhas que continuam a buscar trocas de diferentes tipos (CHERTOW, 2000).
	Surgimento e desenvolvimento (CHERTOW, 2007)	Modelo de PIE auto-organizado	(CHERTOW, 2007) (ZHANG et al., 2014)	A simbiose em Kalundborg emergiu da auto-organização iniciada no setor privado para alcançar seus objetivos estabelecidos (CHERTOW, 2007, p. 20). Na década de 1970, um grupo de empresas de diferentes indústrias começaram a cooperar intensamente entre si para reduzir seus custos, fortalecer sua gestão de resíduos e usar a água doce com mais eficiência. Durante o final dos anos 1980, alguns estudantes locais reconheceram muitas conexões entre as indústrias de Kalundborg e começaram a usar o termo "simbiose industrial" para descrever o sistema de Kalundborg (ZHANG et al., 2014, p. 2).
	Estágio de evolução da SI (CHERTOW; EHRENFELD, 2012)	Estágio 3, Integração e Institucionalização	(CHERTOW; EHRENFELD, 2012)	O Symbiosis Institute (lançado em 1996) é uma organização coordenadora, que trabalha especificamente para acelerar o número e a complexidade de novas trocas. A simbiose continua desde os anos 1970, apesar da saída dos atores originais e de uma série de fusões e aquisições (CHERTOW; EHRENFELD, 2012).
	Localização das empresas do parque (LOWE, 1997)	Parque ecoindustrial físico	(ZHANG et al., 2014)	Os parceiros primários não estão nas redondezas, mas dentro de um raio de cerca de três quilômetros (CHERTOW, 2000).

Quadro 3.17 Síntese das classificações feitas atribuídas aos PIE analisados

PIE	BASE TEÓRICA	CLASSIFICAÇÃO	FONTE	EVIDÊNCIA
Kalundborg	Composição industrial (MINISTRY OF ENVIRONMENTAL PROTECTION OF THE PEOPLE'S REPUBLIC OF CHINA, 2006a, 2006b, 2009)	Parque de setores integrados	(CHERTOW, 2007, p. 19)	Empresas dos ramos de energia, construção civil, agricultura, piscicultura, petróleo, farmacêutico e fertilizantes (CHERTOW, 2007, p. 19).
	Natureza das relações entre os membros (WANG, 2009; WANG; YIN, 2005)	Parque orientado para a dependência	(CHERTOW, 2007) (ZHANG et al., 2014)	Asnæs Power Station Cabe salientar em tempo que desde os primórdios do ecoparque de Kalundborg a estação de energia (DONG Energy Power Station) desempenhou papel fundamental na promoção da simbiose industrial entre as empresas da região.
	Uso da teoria de "espécies--chave" a partir de pesquisas sobre sistemas naturais	Parque de múltiplas dependências	(CHERTOW, 2007) (ZHANG et al., 2014)	
Burnside	Tipos de trocas de materiais (CHERTOW, 2000)	Tipo 3	(CHERTOW, 2000)	Identificou-se catadores, separadores e outras empresas que apoiam as funções de ciclagem de material dentro do parque, levantando a analogia de teias alimentares complexas e identificando papéis retirados do estudo da ecologia (CHERTOW, 2000; NORONHA, 1999)
	Surgimento e desenvolvimento (CHERTOW, 2007)	Modelo de PIE auto-organizado	(CHERTOW, 2007)	Simbioses não planejadas, mas posteriormente coordenadas pelo Eco-Efficiency Centre (CHERTOW, 2007, p. 22). Em 1992 teve início o projeto "Industrial Park as an Ecosystem", caracterizado como "uma iniciativa de pesquisa multidisciplinar investigando a possível aplicação e interpretação de características e funções ecológicas para um parque industrial" (CÔTÉ; COHEN-ROSENTHAL, 1998).

Quadro 3.17 Síntese das classificações feitas atribuídas aos PIE analisados

PIE	BASE TEÓRICA	CLASSIFICAÇÃO	FONTE	EVIDÊNCIA
Burnside	Composição industrial (MINISTRY OF ENVIRONMENTAL PROTECTION OF THE PEOPLE'S REPUBLIC OF CHINA, 2006a, 2006b, 2009)	Parque de setores integrados	-	As empresas presentes em Burnside são de diferentes setores, sendo 36 gráficas, 21 empresas de distribuição de tintas, 19 empresas químicas, 20 empresas de montagem e reparação de computadores, 32 instalações de reparo automotivo e 17 empresas de processamento de metais. Além dessas, Burnside contava também com uma grande variedade de empresas nos serviços de alimentos, saúde, comunicações, setores de construção, varejo e transporte (CÔTÉ; CRAWFORD, 2003; CÔTÉ; SMOLENAARS, 1997, p. 68).
	Natureza das relações entre os membros (WANG, 2009; WANG; YIN, 2005)	Parque orientado para a igualdade	(CHERTOW, 2007) (ZHANG et al., 2014)	Nele estão localizadas mais de 2.000 empresas, sem que exista dependências exclusivas entre elas (LIU et al., 2018, p. 421).
Suzhou New District (SND)	Surgimento e desenvolvimento (CHERTOW, 2007)	Modelo de PIE planejado	(WEN; MENG, 2015)	No ano de 2007, a SEPA aprovou a construção do Suzhou National New e HighTech Industrial Development Zone (SND) (ZHANG et al., 2009, p. 267).
	Composição industrial (MINISTRY OF ENVIRONMENTAL PROTECTION OF THE PEOPLE'S REPUBLIC OF CHINA, 2006a, 2006b, 2009)	Parque de setores integrados	(ZHANG et al., 2009)	Classificado como um Parque nacional de alta tecnologia (National high-tech park) (ZHANG et al., 2009). Formado principalmente pela indústria eletrônica e constituído por três cadeias industriais principais: 1) cadeias industriais de *printed circuit boards* (PCB) (placas de circuito impresso); 2) osciladores de cristal; e 3) *liquid crystal display* (LCD) (display de cristal líquido) (WEN; MENG, 2015). A simbiose industrial de PCB está focada na produção de placas de circuito impresso e de cobre (WEN; MENG, 2015).
	Natureza das relações entre os membros (WANG, 2009; WANG; YIN, 2005)	Parque orientado para a igualdade	-	O sistema de simbiose do SND é formado por cinco categorias de empresas (WEN; MENG, 2015), sem que exista dependências exclusivas entre elas (LIU et al., 2018, p. 421).

Quadro 3.17 Síntese das classificações feitas atribuídas aos PIE analisados

PIE	BASE TEÓRICA	CLASSIFICAÇÃO	FONTE	EVIDÊNCIA
Suzhou Industrial Park (SIP)	Surgimento e desenvolvimento (CHERTOW, 2007)	Modelo de PIE planejado	(INKPEN; WANG, 2006),	A colaboração entre o governo da China e o governo de Singapura fez nascer em fevereiro de 1994 o Suzhou Industrial Park (SIP) (YU et al., 2015; YUAN et al., 2010). Projeto de desenvolvimento ecoindustrial ratificados pela SEPA em 2007 (ZHANG et al., 2009).
	Composição industrial (MINISTRY OF ENVIRONMENTAL PROTECTION OF THE PEOPLE'S REPUBLIC OF CHINA, 2006a, 2006b, 2009)	Parque de setores integrados	(ZHANG et al., 2009)	Classificado como um parque nacional de alta tecnologia (National high-tech park) (ZHANG et al., 2009).
	Natureza das relações entre os membros (WANG, 2009; WANG; YIN, 2005)	Parque orientado para a igualdade	-	As principais indústrias do SIP são Eletrônica, TI, *software*, química, farmacêutica, saúde (ZHANG et al., 2009, p. 269-270), sem que exista dependências exclusivas entre as empresas (LIU et al., 2018, p. 421).
Tianjin Economic Development Area (TEDA)	Surgimento e desenvolvimento (CHERTOW, 2007)	Modelo de PIE planejado	(SHI; CHERTOW; SONG, 2010) (ZHANG et al., 2014)	Fundado em dezembro de 1984, a Tianjin Economic-Technological Development Area (TEDA) é uma das primeiras 14 zonas de desenvolvimento econômico nacional na China (LIU et al., 2018; SHI; YU, 2014; WANG; DEUTZ; CHEN, 2017).
	Estágio de evolução da SI (CHERTOW; EHRENFELD, 2012)	Estágio 3, Integração e Institucionalização	(CHERTOW; EHRENFELD, 2012)	Após pesquisas de campo, 81 trocas simbióticas formadas na TEDA foram identificadas. Destas, 70 estavam em funcionamento e 11 foram descontinuadas. Esta descoberta indica que uma complexa rede de simbiose industrial adaptativa tomou forma na TEDA desde que foi estabelecida do zero em 1984 (SHI; CHERTOW; SONG, 2010). O surgimento de uma instituição ambiental na TEDA é usado como pano de fundo para avaliar como a TEDA se transformou em um dos três principais parques ecoindustriais nacionais da China (SHI; CHERTOW; SONG, 2010).

Quadro 3.17 Síntese das classificações feitas atribuídas aos PIE analisados

PIE	BASE TEÓRICA	CLASSIFICAÇÃO	FONTE	EVIDÊNCIA
Tianjin Economic Development Area (TEDA)	Processo de desenvolvimento do parque (YUAN et al., 2004)	Parque ecoindustrial recentemente planejado	(SHI; CHERTOW; SONG, 2010) (ZHANG et al., 2014)	A TEDA tem um lugar de destaque dentre os parques industriais chineses, sendo ele aprovado, em 2008, como um dos três primeiros ecoparques industriais no país. (SHI; YU, 2014). Devido à escassez excessiva de ambos os recursos, posteriormente a TEDA desenvolveu diversas ações de simbiose industrial, as quais envolviam recursos como energia, materiais e água (SHI; CHERTOW; SONG, 2010; YU; DE JONG; DIJKEMA, 2014).
	Composição industrial (MINISTRY OF ENVIRONMENTAL PROTECTION OF THE PEOPLE'S REPUBLIC OF CHINA, 2006a, 2006b, 2009)	Parque de setores integrados	(SHI; CHERTOW; SONG, 2010) (ZHANG et al., 2014) (ZHANG et al., 2009)	Parque econômico nacional, eletrônico e telecomunicações, produtos médicos e farmacêuticos, fabricação de máquinas, processamento de alimentos (SHI; CHERTOW; SONG, 2010; ZHANG et al., 2009).
Guitang Group	Surgimento e desenvolvimento (CHERTOW, 2007)	Modelo de PIE auto-organizado	(CHERTOW, 2007)	Algumas partes da simbiose foram planejadas, mas outras surgiram oportunisticamente (CHERTOW, 2007; ZHU et al., 2007).
	Estágio de evolução da SI (CHERTOW; EHRENFELD, 2012)	Estágio 3, Integração e Institucionalização	(CHERTOW; EHRENFELD, 2012)	Nas últimas 6 décadas, o GG evoluiu gradualmente de uma refinaria independente para um complexo de simbiose industrial. O GG inicialmente desenvolveu esse complexo internamente, instalando novas usinas de processamento como centros de lucro que utilizavam subprodutos de usinas a montante.
	Processo de desenvolvimento do parque (YUAN et al., 2004)	Transformado a partir de grupos de empresas existentes	(ZHANG et al., 2014)	Mesmo antes de adotar um modelo e PIE, o GG vem desenvolvendo desde os anos 1970, um sistema que pode ser caracterizado como sendo de simbiose, tanto interna quanto externa (ZHU et al., 2007). O bom desempenho econômico e o uso responsável dos recursos naturais garantiu ao GG, no ano de 2000, a aprovação e a orientação da SEPA para desenvolver suas atividades no modelo de um parque ecoindustrial (SHI; CHERTOW; SONG, 2010; ZHU et al., 2007).

Quadro 3.17 Síntese das classificações feitas atribuídas aos PIE analisados

PIE	BASE TEÓRICA	CLASSIFICAÇÃO	FONTE	EVIDÊNCIA
Guitang Group	Composição industrial (MINISTRY OF ENVIRONMENTAL PROTECTION OF THE PEOPLE'S REPUBLIC OF CHINA, 2006a, 2006b, 2009)	Parque de setor específico	(ZHANG et al., 2014) (ZHANG et al., 2009) (ZHU et al., 2007)	A Shenzhen Huaqiang Holdings Ltd. é uma das maiores refinarias de açúcar da China (ZHANG et al., 2009; ZHU et al., 2007), sendo os principais fluxos de subproduto da produção de cana-de-açúcar o melaço (o resíduo de refinação de açúcar) e o bagaço (o produto de resíduos fibrosos) (CHERTOW, 2007, p. 14; ZHU; COTE, 2004, p. 1028).
	Natureza das relações entre os membros (WANG, 2009; WANG; YIN, 2005)	Parque orientado para a dependência	(ZHANG et al., 2014)	Nas últimas cinco décadas, o GG evoluiu gradualmente de uma refinaria independente para um complexo de simbiose industrial. O GG inicialmente desenvolveu esse complexo internamente, instalando novas usinas de processamento como centros de beneficiamento que utilizavam subprodutos de usinas a montante. Posteriormente, o GG ampliou o complexo externamente estabelecendo relações estreitas com os fornecedores - principalmente os produtores de cana-de-açúcar- e com o governo local, que desempenha um papel fundamental no funcionamento do sistema (ZHU et al., 2007)
	Uso da teoria de "espécies-chave" a partir de pesquisas sobre sistemas naturais	Parque de dependência única	(ZHANG et al., 2014)	

Quadro 3.17 Síntese das classificações feitas atribuídas aos PIE analisados

CAPÍTULO 4
CONSIDERAÇÕES FINAIS

No debate acadêmico e nas discussões sobre o desenvolvimento sustentável despontam novos questionamentos e conceitos que merecem maior reflexão e aprofundamento. Afinal, qual deve ser o modelo de desenvolvimento que a sociedade deseja para o futuro? Em particular, qual deverá ser o paradigma de industrialização, como um vetor importante do processo de desenvolvimento econômico, que deverá nortear as políticas públicas e as estratégias empresariais no futuro próximo no contexto das crescentes pressões socioambientais do planeta? É possível conciliar crescimento econômico com novos padrões de produção e de consumo realmente sustentáveis do ponto de vista social e ambiental?

Neste livro buscamos trazer uma contribuição ao debate da emergência da economia circular e dos sistemas de produção de ciclo fechado sob a ótica da simbiose industrial, apresentando e discutindo o fenômeno e a importância dos ecoparques industriais (PIE) para o desenvolvimento sustentável, por se tratar de uma forma de organização industrial relativamente recente e que possui características fundamentais para integração das diversas ações dos atores sociais envolvidos em determinadas cadeias produtivas e participantes desta organização. Buscou-se, em especial, gerar novos conhecimentos no sentido de contribuir para a elaboração de um modelo de referência para a implantação e o desenvolvimento de ecoparques industriais.

Após uma vasta revisão da literatura referente aos principais eixos teóricos desta pesquisa (economia circular, ecologia e simbiose industrial, sistemas locais de produção), a pesquisa voltou-se para a análise das principais formações concretas em termos dos ecoparques industriais, focalizando os casos de maior relevância e aderência aos conceitos previamente discutidos.

De maneira geral, pode-se constatar que, com algumas poucas exceções (como o PIE de Kalundborg, Suzhou New District, Suzhou Industrial Park, Guitang Group e TEDA), a real aderência destas formações industriais aos conceitos de economia circular e simbiose industrial encontra-se ainda em um estágio embrionário. Além disso, quando investigada a questão do grau de integração das estratégias de operação das empresas (principalmente das empresas-âncora) inseridas em um dado ecoparque industrial com a comunidade local, a realidade também revela que tal integração ocorre de maneira muito localizada em alguns poucos casos.

Do ponto de vista do grau de desenvolvimento de integração de processos dos PIE selecionados nesta pesquisa e sua relação com o estágio de evolução da simbiose industrial, pode-se constatar que a maioria dos casos pesquisados também ainda se encontra no estágio embrionário (*sprouting*). Alguns poucos PIE evoluíram para o estágio intermediário (*uncovering*) e apenas alguns deles podem ser classificados como em um estágio superior de desenvolvimento e de evolução da simbiose industrial (*embebdeness* e *institutionalization*). Dentre eles destacam-se os casos de Kalundborg na Dinamarca, Burnside no Canadá, e os PIE chineses: Suzhou Industrial Park (SIP), Tianjin (TEDA) e Guitang Group.

O caso emblemático de Kalundborg na Dinamarca continua sendo a referência mundial em termos da integração interplantas industriais e destas com as demais organizações e entidades da comunidade e governos locais. Desde o início desta experiência (com a instalação da estação de energia DONG Energy Power Station, que desempenhou papel fundamental na promoção da simbiose industrial entre as empresas da região), vem crescendo o número de empresas que são atraídas para esta região. O que é especialmente particular neste caso é que tal crescimento se dá de maneira muito bem coordenada por entidades supraempresariais, principalmente as seguintes: o *The Environment Club*, que se constituiu em importante fórum de discussões entre representantes das empresas, do poder público local (municipalidade), da agricultura e de várias organizações vinculadas à proteção ambiental; e o *Kalundborg Symbiosis Centre*, que tem por missão principal a elaboração dos projetos de implantação de novas plantas industriais no PIE, com base em análises fundamentadas em aspectos científicos e tecnológicos.

Cabe destaque, ainda, a implantação em 2007 de algumas unidades da empresa DONG Energy (uma fábrica de bioetanol e uma planta de regaseificação). Tal fato acentuou a difusão de práticas de simbiose industrial em Kalundborg e, ao mesmo tempo, viabilizou maior cooperação com os agricultores locais, no que se refere ao fornecimento de palha para uma das empresas do PIE e, em troca, esta fornece fertilizantes na forma de melaço. Portanto, este espírito de colaboração/cooperação, compartilhamento de recursos e otimização dos negócios entre as empresas do ecoparque e a comunidade local constitui-se em elemento fundamental para o desenvolvimento sustentável da região.

Interessante, também, é o caso do PIE de Burnside no Canadá. Apesar do fato de no início de suas operações ele não ter sido planejado com base nos princípios da ecologia/simbiose industrial e nem mesmo tendo à época a questão ambiental em pauta, passou a incorporar em sua estratégia de desenvolvimento alguns requisitos ambientais e funções ecológicas para se transformar em um PIE. Tal transição teve como marco principal o ano de 1992, com o projeto *"Industrial Park as an Ecosystem"*, que buscou focalizar pesquisas e estudos voltados a selecionar e educar as empresas no sentido de estabelecerem novos padrões de relacionamento simbióticos (insumo-produto) e assim reduzir o impacto de suas operações industriais no meio ambiente.

Um aspecto que cabe reflexão, e que poderia também ser objeto de futuras pesquisas, refere-se ao fato de que em muitas das situações pesquisadas os PIE localizam-se em regiões cujos municípios são de pequeno porte. Destaque, mais uma vez, para a região de Kalundborg, cuja cidade possui pouco mais do que 16.000 habitantes.

Os PIE construídos na China se diferenciam da grande maioria dos PIE ocidentais, dentre eles Kalundborg, pois foram desenvolvidos com base em seu próprio modelo impulsionado pelo governo chinês. A necessidade de uma eficaz proteção ao meio ambiente para um desenvolvimento de longo prazo das indústrias conduziu o governo chinês a ter urgência nas ações de proteção ambiental como reflexo do acelerado crescimento econômico, o qual causou graves problemas de poluição e de esgotamento dos recursos naturais. Dessa forma, a SI nos parques industriais foram planejadas, e não surgiram da auto-organização das empresas presentes no parque.

Assim, para o surgimento e desenvolvimento dos PIE chineses é fundamental o papel exercido pelo governo central como facilitador, tanto no nível nacional quanto no nível do parque. Para a política de PIE chineses, são protagonistas os seguintes órgãos do governo central: o Ministry of Environmental Protection (MEP), Ministry of Commerce (MOC), o Ministry of Science and Technology (MOST) e a State Environmental Protection Administration (SEPA).

Diante dos casos analisados é possível perceber que, por se tratar de um tema recente, os estudos de caso estão focados em analisar a criação dos PIE e ainda como estes evoluem e se desenvolvem. Nesse contexto, está inserido o papel de coordenação da SI entre empresas exercida por entidades institucionalizadas, como no caso do *TEDA Eco-centre* (na TEDA), o Symbiosis Institute (em Kalundborg), Burnside Eco-Efficiency Center (em Burnside) e as próprias municipalidades que exercem esse papel coordenador na ausência da institucionalização de uma entidade ou de forma complementar a ela. Outro elemento crítico que se observa nos estudos que analisam os PIE refere-se à gestão dos recursos hídricos; neste sentido se destacam análises de metodologias, sistemas, modelos e designs ótimos para a gestão e compartilhamento desses recursos nos PIE.

Dado o fato de que esta temática da simbiose industrial assim como as formações dos ecoparques se constituírem em assuntos e fenômenos relativamente recentes nos campos da Organização Industrial e Engenharia de Produção, os resultados desta pesquisa ainda carecem de um maior aprofundamento, o que poderá ser obtido por meio de novas pesquisas que busquem elucidar aspectos específicos desta temática.

Propõe-se que futuras pesquisa possam desenvolver e aprofundar questões como:

1. Proposição de um conjunto de indicadores para avaliação do

grau de evolução dos PIE e a aderência destes aos conceitos de produção de ciclo fechado e simbiose industrial;

2. Análise detalhada do conjunto de projetos e programas relevantes para implementação de políticas públicas de fomento aos PIE emergentes e de estratégias empresariais aderentes aos conceitos de ecologia/ simbiose industrial;

3. Pesquisas e estudos especializados na análise de produtos/ processos/instalações industriais que possam ser concebidos e desenvolvidos sob a lógica da economia circular/produção de ciclo fechado e simbiose industrial;

4. Análise da influência e o papel de diferentes atores (*stakeholders*) para o surgimento, desenvolvimento e sucesso dos PIE, como a comunidade, as universidades, o governo etc. Nessa perspectiva seria possível identificar maneiras de potencializar e distribuir os benefícios gerados pela criação dos parques;

5. Pesquisas focalizando o impacto da organização dos PIE para o desenvolvimento de pequenas e médias empresas (PMEs). Em vários PIE existentes já há a presença de um grande número de PMEs, que exercem uma importante influência para o desenvolvimento dos PIE; no entanto, ainda há poucos estudos que busquem analisar qual o impacto para as PMEs de estarem inseridas em um PIE;

6. Estudo da capacidade de absorção de conhecimento voltado para a inovação por parte das empresas inseridas em um dado PIE: as análises de PIE são focadas, principalmente, no fluxo de resíduos sólidos, energia e água. No entanto, o conhecimento é um recurso também essencial para esses sistemas que, de certa forma, dependem de inovação. Sugere-se analisar o fluxo de conhecimento e a capacidade das empresas que formam esses PIE de absorverem esses conhecimentos, aprenderem e os aplicarem para inovar.

Em termos de recomendações para elaboração de políticas públicas para atração de investimentos diretos nas regiões, propõe-se que se leve em consideração critérios fundamentados nos conceitos da ecologia e simbiose industrial. Especialmente nos planos de desenvolvimento, recomenda-se que sejam considerados os seguintes aspectos:

1. Inclusão nos projetos de organização dos espaços físicos/territórios (incluindo os planos diretores e projetos de distritos industriais dos municípios) de análises mais aprofundadas das relações de insumo-produto de empresas para identificação de demandas por recursos mais significativos nas cadeias produtivas selecionadas, assim como das oportunidades de atração de empresas especializadas em prestação de serviços compartilhados;

2. Consideração das atribuições da empresa-âncora no processo de indução do adensamento de cadeias produtivas (capacitação e qualificação da força de trabalho, integração de empresas, oferecimento de serviços tecnológicos especializados à indústria, entre outros);

3. Identificação e validação junto ao poder público estadual e municipal das estratégias disponíveis para atração de empresas e adensamento de cadeias em termos de financiamento, incentivos fiscais/tributários, planos diretores, projeções de investimentos, dentre outros.

REFERÊNCIAS BIBLIOGRÁFICAS

AMATO NETO, J. **Gestão de sistemas locais de produção e inovação (Clusters/APLs)**: conceitos, princípios e aplicações sistemas de indicadores e "benchmarkings", análises e discussões de casos. São Paulo: Atlas, 2009.

AMATO NETO, J. et al. Sustainable value generation through collaborative symbiotic networks planning. In: Production and Operations Management Society (POMS) Conference. 24., 2013, Denver. **Anais**... Denver: University of South California, 2013.

AMATO NETO, J. **A era do Ecobusiness.** Criando negócios sustentáveis. Coleção Sustentabilidade. São Paulo: Manole, 2014.

AMATO NETO, J.; GARCIA, R. C. Aglomerações de pequenas e médias empresas (PMEs) e os sistemas locais de produção: contribuições para um referencial teórico. In: ENCONTRO NACIONAL DE ENGENHARIA DE PRODUÇÃO-ENEGEP. 23., 2003, Ouro Preto. **Anais**... Ouro Preto: ABEPRO, 2003.

ANDERI, G.; KULAY, L. Life cycle evaluation. In: VILELA JUNIOR, A.; DEMAJOROVIC, J. (Eds.). **Models and tools of environmental management:** challenges and perspectives for the organizations. São Paulo: Senac, 2006. p. 313-336.

ANDERSEN, M. S. An introductory note on the environmental economics of the circular economy. **Sustainability Science,** v. 2, n. 1, p. 133-140, 2007.

ATASU, A.; GUIDE, V. D. R.; WASSENHOVE, L. N. Product reuse economics in closed-loop supply chain research**. Production and Operations Management**, v. 17, n. 5, p. 483-496, 2008.

AUDRETSCH, D. B.; FELDMAN, M. P. R&D spillovers and the geography of innovation and production. **The American Economic Review,** v. 86, n. 3, p. 630-640, 1996. JOUR.

BARROS, M. C. L.; AMATO NETO, J. Aspectos socioambientais da cooperação para o desenvolvimento sustentável. In: Engema, 12., 2010a, São Paulo. **Anais...** São Paulo: FEA-USP/FGV, 2010.

BARROS, M. C. L.; AMATO NETO, J. Co-operation for the sustainable development in industrial clusters: a Brazilian case study. In: EurOMA Conference. 17., 2010b, Porto. **Anais...** Porto: Cidade Católica Portuguesa, 2010.

BARROS, M. C. L.; AMATO NETO, J. A study on sustainability common topics in operations management and industrial ecology publication. In: EurOMA Conference. 18., 2011, Cambridge. **Anais...** Cambridge: University of Cambridge, 2011.

BEAMON, B. M. Designing the green supply chain. **Logistics information management,** v. 12, n. 4, p. 332-342, 1999.

BEHRENDT, S. et al. **Eco-service development**: reinventing supply and demand in the European Union. [s.l.] Routledge, 2003.

BELLANTUONO, N.; CARBONARA, N.; PONTRANDOLFO, P. The organization of eco-industrial parks and their sustainable practices. **Journal of Cleaner Production,** v. 161, n. September 2015, p. 362–375, 2017. Disponível em: <http://dx.doi.org/10.1016/j.jclepro.2017.05.082>

BELUSSI, F.; SAMMARRA, A. **Industrial districts, relocation, and the governance of the global value chain.** 2005.

BIOENERGI SJÆLLAND. **Overblik. Bioenergi Sjælland.** [201-]. Disponível em: <http://www.bioenergisjælland.dk/index.html>. Acesso em: 23 set. 2017.

BOONS, F. et al. Industrial Symbiosis Dynamics and the Problem of Equivalence: Proposal for a Comparative Framework. **Journal of Industrial Ecology,** v. 21, n. 4, p. 938-952, 2017.

BOURDIEU, P. O capital social–notas provisórias. In: NOGUEIRA, M. A.; CATANI, A. (Eds.). **Pierre Bourdieu**: escritos de educação. Petrópolis: Vozes, 1998. p. 65-69.

BRITO, J. **Relevância de PMEs em arranjos produtivos na indústria brasileira:** uma análise exploratória a partir de dados da RAIS. Rio de Janeiro: Redesist-IE/UFRJ, 2002.

CAMPOS-SILVA, W. L.; AMATO NETO, J. Ecoparques industriais: uma revisão sistemática da literatura. In: Enegep. 36., 2016, João Pessoa. **Anais...** João Pessoa: ABEPRO, 2016. Disponível em: <http://www.abepro.org.br/biblioteca/TN_WPG_226_316_29797.pdf>

CAO, K.; FENG, X.; WAN, H. Applying agent-based modeling to the evolution of eco-industrial systems. **Ecological Economics,** v. 68, n. 11, p. 2868-2876, 2009.

CHEHEBE, J. R. **Análise dos Ciclo de Vida dos Produtos**: ferramental gerencial da ISO 14.000. Rio de Janeiro: Qualitymark, 1998.

CHERTOW, M. R. Industrial symbiosis: Literature and Taxonomy. **Annual Review of Energy and the Environment,** v. 25, n. 1, p. 313-337, 2000. Disponível em: <http://www.annualreviews.org/doi/10.1146/annurev.energy.25.1.313>

CHERTOW, M. R. "Uncovering" Industrial Symbiosis. **Journal of Industrial Ecology**, v. 11, n. 1, p. 11-30, 2007. Disponível em: <http://doi.wiley.com/10.1162/jiec.2007.1110>

CHERTOW, M. R.; EHRENFELD, J. **Organizing Self-Organizing Systems: Toward a Theory of Industrial Symbiosis.** Journal of Industrial Ecology, v. 16, n. 1, p. 13-27, 2012.

CÔTÉ, R.; HALL, J. **Industrial parks as ecosystems.** Journal of Cleaner Production, v. 3, n. 1–2, p. 41–46, 1995.

CÔTÉ, R. P. et al. **Designing and operating industrial parks as ecosystems.** Halifax, Nova Scotia: School for Resource and Environmental Studies, Dalhousie University, 1995.

CÔTÉ, R. P.; COHEN-ROSENTHAL, E. **Designing eco-industrial parks: a synthesis of some experiences.** Journal of Cleaner Production, v. 6, n. 3–4, p. 181–188, 1998. Disponível em: <http://linkinghub.elsevier.com/retrieve/pii/S0959652698000298>

CÔTÉ, R. P.; CRAWFORD, P. **A case study in eco-industrial development: The transformation of Burnside Industrial Park.** In: COHEN-ROSENTHAL, E.; MUSNIKOW, J. (Eds.). **Eco-industrial strategies: Unleashing synergy between development and the environment.** Sheffield: Greenleaf, 2003.

CÔTÉ, R.; SMOLENAARS, T. **Supporting pillars for industrial ecosystems.** Journal of Cleaner Production, v. 5, n. 1–2, p. 67–74, 1997.

E4WATER. **Economically and Ecologically Efficient Water Management in the European Chemical Industry (E4Water).** e4water. [201-]. Disponível em: <http://www.e4water.eu/>. Acesso em: 23 set. 2017.

EHRENFELD, J.; GERTLER, N. **Industrial ecology in practice: the evolution of interdependence at Kalundborg.** Journal of industrial Ecology, v. 1, n. 1, p. 67–79, 1997. JOUR.

ELKINGTON, J. **Cannibals with forks: the triple bottom line of 21st century business.** New Society: Stony Creek, CT, 1997.

EUSTÁQUIO, J. **Em qual cidade morar no Canadá?** Câmara de Comércio Brasil-Canadá. 2017. Disponível em: <http://www.amigosdocanada.com.br/single-post/2017/03/09/Em-qual-cidade-morar-no-Canad%C3%A1>.

FANG, Y.; COTE, R. P.; QIN, R. **Industrial sustainability in China: practice and prospects for eco-industrial development.** Journal of environmental management, v. 83, n. 3, p. 315–328, 2007.

FELICIO, M. et al. **Industrial symbiosis indicators to manage eco-industrial parks as dynamic systems.** Journal of Cleaner Production, v. 118, p. 54–64, 2016.

FILHO, H. R. do P. (2018). **A avaliação do ciclo de vida (ACV) e a economia circular.** Disponível em: <https://revistaadnormas.com.br/2018/09/04/a-avaliacao-do-ciclo-de-vida-acv-e-a-economia-circular/>. Acesso em: 28/04/2019.

FROSCH, R. A.; GALLOPOULOS, N. E. **Strategies for manufacturing.** Scientific American, v. 261, n. 3, p. 144–152, 1989.

FURTADO, J. S. **Gestão com responsabilidade socioambiental.** Ferramentas e tecnologias. 2003. Disponível em: <Disponível em http//: www.teclim.ufba.br/jsfurtado>.

GEISSDOERFER, M.; SAVAGET, P; NACY, M.P.; JAN, J.; **The Circular Economy – a new sustainability paradigm?** Journal of Cleaner Production (accepted version), http://dx.doi.org/10.1016/j.jclepro.2016.12.048

GENG, Y.; COTE, R. P. A**pplying industrial ecology in rapidly industrializing Asian countries.** The International Journal of Sustainable Development & World Ecology, v. 11, n. 1, p. 69–85, 2004. JOUR.

GENG, Y.; CÔTÉ, R. P. **Scavengers and decomposers in an eco-industrial park.** International Journal of Sustainable Development and World Ecology, v. 9, n. 4, p. 333–340, 2002.

GENG, Y.; ZHU, Q.; HAIGHT, M. **Planning for integrated solid waste management at the industrial Park level: A case of Tianjin, China.** Waste management, v. 27, n. 1, p. 141–150, 2007. JOUR.

GIBBS, D. **Trust and networking in inter-firm relations: the case of eco-industrial development.** Local economy, v. 18, n. 3, p. 222–236, 2003. JOUR.

GIBBS, D. **Sustainability and the local economy: The role of eco-industrial parks.** [s.l.] Economic and Social Research Council, 2004.

GIBBS, D.; DEUTZ, P. **Implementing industrial ecology? Planning for eco-industrial parks in the USA.** Geoforum, v. 36, n. 4, p. 452–464, 2005. JOUR.

GIBBS, D.; DEUTZ, P.; PROCTOR, A. **Industrial ecology and eco-industrial development: A potential paradigm for local and regional development?** Regional studies, v. 39, n. 2, p. 171–183, 2005. JOUR.

GOTTARDI, G.; BELUSSI, F. **Evolutionary Patterns of Local Industrial Systems: towards a cognitive approach to the industrial district.** Aldershot: Ashgate Publishing, 2000.

GUO, X.; ZHONG, S. H. T**he model of eco-industrial parks based on the theory of species.** Sci Technol Progr Policy, v. 23, n. 8, p. 75–77, 2005. JOUR.

IGLIORI, D. C. **Economia dos clusters industriais e desenvolvimento.** São Carlos: FAPESP, 2001.

INKPEN, A. C.; WANG, P. A**n examination of collaboration and knowledge transfer:** China-Singapore Suzhou industrial park. Journal of Management Studies, v. 43, n. 4, p. 779–811, 2006.

JOINT RESEARCH CENTRE. **Smart City Kalundborg.** European Commission. 2018. Disponível em: <https://ses.jrc.ec.europa.eu/smart-city-kalundborg>. Acesso em: 23 set. 2017.

KRUGMAN, P. R. **Geography and trade.** Cambridge: MIT press, 1991.

LEWIS, H. et al. **Design+ environment.** London: Greenleaf, 2001.

LIU, C.; CÔTÉ, R. **A framework for integrating ecosystem services into China's circular economy: The case of eco-industrial parks.** Sustainability (Switzerland), v. 9, n. 9, 2017.

LIU, C.; CÔTÉ, R. P.; ZHANG, K. **Implementing a three-level approach in industrial symbiosis.** Journal of Cleaner Production, v. 87, n. 1, p. 318–327, 2015.

LIU, Z. et al. **Comparative study on the pathways of industrial parks towards sustainable development between China and Canada.** Resources, Conservation and Recycling, 2016. Disponível em: <http://dx.doi.org/10.1016/j.resconrec.2016.06.012>

LIU, Z. et al. **Comparative study on the pathways of industrial parks towards sustainable development between China and Canada.** Resources, Conservation and Recycling, v. 128, p. 417–425, 2018. Disponível em: <https://doi.org/10.1016/j.resconrec.2016.06.012>

LOWE, E. A. **Creating by-product resource exchanges: Strategies for eco-industrial parks.** Journal of Cleaner Production, v. 5, n. 1–2, p. 57–65, 1997. Disponível em: <http://linkinghub.elsevier.com/retrieve/pii/S0959652697000176>

LOWE, E. A. **Handbook for development of eco-industrial parks.** Orlando: Indigo Development, 2001.

LOWE, E. A.; MORAN, S. R.; HOLMES, D. B. **Fieldbook for the Development of Eco-Industrial Parks.** Oakland: Indigo, 1995.

LOWE, E.; WARREN, J. L. **The source of value: an executive briefing and sourcebook on industrial ecology.** Richland (Washington): Battelle, 1996.

LUTZ, C.; PIRES, D.; MORAES, C. A. **Parques Industriais Ecológicos como instrumento para o desenvolvimento sustentável do estado do Rio Grande do Sul.** Estudos Tecnológicos em Engenharia, v. 9, n. 1, p. 37–51,

2013. Disponível em: http://www.revistas.unisinos.br/index.php/estudos_tecnologicos/article/view/ete.2013.91.05>

MALONE, T. F.; YONE, G. W. **Knowledge partnerships for a sustainable, equitable and stable society.** Journal of Knowledge Management, v. 6, n. 4, 2002.

MARSHALL, A. **Princípios de economia.** São Paulo: Nova Cultura, 1920.

MARTIN, S. A. et al. **Eco-industrial parks: A case study and analysis of economic, environmental, technical, and regulatory issues.** [s.l.] Research Triangle Institute, Research Triangle Park, 1996. (Project Number 6050 FR)

MATTHEWS, J. A.; TAN, H. **Progress Toward a Circular Economy in China.** Journal of Industrial Ecology, v. 15, n. 3, p. 435–457, 2011.

MATTILA, T. et al. **Methodological aspects of applying life cycle assessment to industrial symbioses.** Journal of Industrial Ecology, v. 16, n. 1, p. 51–60, 2012.

MINISTRY OF ENVIRONMENTAL PROTECTION OF THE PEOPLE'S REPUBLIC OF CHINA. **Standard for Sector-specific Eco-industrial Parks (On Trial).** [s.l.] Ministry of Environmental Protection of the People, 2006a. Disponível em: <http://english.mep.gov.cn/standards_reports/standards/others1/others3/200808/t20080828_127809.htm>. Acesso em: 20 abr. 2004.

MINISTRY OF ENVIRONMENTAL PROTECTION OF THE PEOPLE'S REPUBLIC OF CHINA. **Standard for Venous Industry Based Eco-industrial Parks (On Trial).** [s.l.] Ministry of Environmental Protection of the People, 2006b. Disponível em: <http://english.mep.gov.cn/standards_-reports/standards/others1/others3/200808/t20080828_127811.htm>. Acesso em: 20 abr. 2004.

MINISTRY OF ENVIRONMENTAL PROTECTION OF THE PEOPLE'S REPUBLIC OF CHINA. **Standard for Sector-integrate Eco-industrial Parks.** [s.l.] Ministry of Environmental Protection of the People, 2009. Disponível em: <http://english.mep.gov.cn/standards_reports/standards/others1/others3/201102/t20110216_200842.htm>. Acesso em: 20 abr. 2004.

MO, H.; WEN, Z.; CHEN, J. **China's recyclable resources recycling system and policy: A case study in Suzhou.** Resources, Conservation and Recycling, v. 53, n. 7, p. 409–419, 2009.

NATURA. **Ecoparque Natura Benevides.** Benevides: Natura, 2014.

NATURA. **Ecoparque em ação.** [201-]. 2017a. Disponível em: <http://www.natura.com.br/sites/default/files/static/relatorio/8_2_sociobiodiversidade_2.html>. Acesso em: 17 set. 2017.

NATURA. **33% menos emissões até 2020.** [201-]. 2017b.

NATURA. **Gestão dos recursos hídricos em pauta.** [201-]. 2017c. Disponível em: <http://www.natura.com.br/sites/default/files/static/relatorio/8_3_agua.html>. Acesso em: 17 set. 2017.

NATURA. **Mais recicláveis e reciclados.** [201-]. 2017d. Disponível em: <http://wwwdlv.natura.com.br/static/relatorio/8_5_residuos.html>. Acesso em: 17 set. 2017.

NATURA. **A caminho da logística reversa.** [201-]. 2017e. Disponível em: <http://www.natura.com.br/sites/default/files/static/relatorio/8_5_residuos_2.html>. Acesso em: 24 set. 2017.

NATURA. **Ecoparque Natura Benevides.** Benevides: Natura, 2018.

NORONHA, J. **Scavengers and Decomposers in an Industrial Park System: a Case Study of Burnside Industrial Park.** Dissertation (Master of Environmental Studies). Dalhousie University, Halifax, 1999.

ORSTED. **Bioenergy & Thermal Power: CO2 - neutral energy production.** Orsted. [201-]. Disponível em: <https://orsted.com/en/Our-business/Bioenergy-and-Thermal-Power>. Acesso em: 23 set. 2017.

PAINE, R. T. **A note on trophic complexity and community stability.** The American Naturalist, v. 103, n. 929, p. 91–93, 1969.

PECK, S. W. **Industrial Ecology: From Theory To Practice.** New City Institute. [200-]. Disponível em: <http://newcity.ca/Pages/industrial_ecology.html>. Acesso em: 14 dez. 2017.

PECK AND ASSOCIATES AND DALHOUSIE UNIVERSITY. **Promoting ecoindustrial park development: exploring challenges, drivers and opportunities for progress in canada. A report for Environment Canada and Industry Canada.** Ottawa: Peck and Associates and Dalhousie University, 1997.

PERRY, M.; YEOH, C. **Singapore's overseas industrial parks.** Regional Studies, v. 34, n. 2, p. 199–206, 2000. Disponível em: <https://www.scopus.com/inward/record.uri?eid=2-s2.0-0034022859&partnerID=40&md5=40e4e9ea42dbc58988dc9879845c752b>

PORTER, M. E. **Clusters and the New Economics of Competition.** Harvard Business Review, n. November, p. 77–90, 1998.

PORTER, M. E.; VAN DER LINDE, C. **Green and competitive: ending the stalemate.** Harvard business review, v. 73, n. 5, p. 120–134, 1995.

POSCH, A. **Industrial Recycling Networks as Starting Points for Broader Sustainability-Oriented Cooperation?** Journal of Industrial Ecology, v. 14, n. 2, p. 242–257, 2010.

POTTS CARR, A. J. **Choctaw Eco-Industrial Park: an ecological approach to industrial land-use planning and design.** Landscape and urban planning, v. 42, n. 2–4, p. 239–257, 1998.

PRESIDENT'S COUNCIL ON SUSTAINABLE DEVELOPMENT. **Eco-efficiency task force report.** Washington (DC): Council on Sustainable Development, 1997.

RESEARCH TRIANGLE INSTITUTE AND INDIGO DEVELOPMENT INTERNATIONAL. **Eco-industrial parks and industrial ecosystems: a technical memorandum.** [s.l.] Research Triangle Institute and Indigo Development International, 1994.

RIBEIRO, P. et al. **An integrated approach towards transforming an industrial park into an eco-industrial park: the case of Salaise-Sablons.** Journal of Environmental Planning and Management, v. 61, n. 2, p. 195–213, 2018. Disponível em: <https://doi.org/10.1080/09640568.2017.1300576>

ROBERTS, B. H. **The application of industrial ecology principles and planning guidelines for the development of eco-industrial parks: an Australian case study.** Journal of Cleaner Production, v. 12, n. 8–10, p. 997–1010, 2004.

ROMEIRO, A. R. **Economia ou Economia Política da Sustentabilidade.** In: MAY, P.; LUSTOSA, M. C.; VINHA, V. (Eds.). **Economia do Meio Ambiente.** [s.l.] Campus, 2003.

ROMERO, E.; RUIZ, M. C. **Framework for applying a complex adaptive system approach to model the operation of eco-industrial parks.** Journal of Industrial Ecology, v. 17, n. 5, p. 731–741, 2013.

RYAN DASH MCLAUGHLIN DOT COM. **Suzhou Info. Ryan Dash McLaughlin dot com.** [201-]. Disponível em: <http://blog.ryanm.ca/suzhou-information/#suzhou-maps>. Acesso em: 25 jan. 2018.

SAAVEDRA, Y. M. B. **Sistema Produto-Serviço e Remanufatura como Alternativas nos Ciclos de Vida Sustentáveis.** In: SIMPEP. 16., 2009, Bauru. Anais... Bauru: 2009.

SAAVEDRA, Y. M. B. et al. **Theoretical contribution of industrial ecology to circular economy.** Journal of Cleaner Production, v. 170, p. 1514–1522, 2018. Disponível em: <https://doi.org/10.1016/j.jclepro.2017.09.260>

SARACENI, A. V. et al. **Pilot testing model to uncover industrial symbiosis in Brazilian industrial clusters.** Environmental Science and Pollution Research, v. 24, n. 12, p. 11618–11629, 2017.

SCHMITZ, H. **Collective efficiency and increasing returns.** Brighton: IDS Working Paper, 1997.

SCHWARZ, E. J.; STEININGER, K. W. **Implementing nature's lesson: the industrial recycling network enhancing regional development.** Journal of cleaner production, v. 5, n. 1–2, p. 47–56, 1997.

SCOTT, A. J. **The geographic foundations of industrial performance.** Competition & Change, v. 1, n. 1, p. 51–66, 1995.

SELIGER, G.; KERNBAUM, S.; ZETTL, M. **Remanufacturing approaches contributing to sustainable engineering.** Gestão & Produção, v. 13, n. 3, p. 367–384, 2006.

SHI, H.; CHERTOW, M.; SONG, Y. **Developing country experience with eco-industrial parks: a case study of the Tianjin Economic-Technological** Development Area in China. Journal of Cleaner Production, v. 18, n. 3, p. 191–199, 2010.

SHI, H.; TIAN, J.; CHEN, L. **China's Quest for Eco-industrial Parks, Part II.** Journal of Industrial Ecology, v. 16, n. 3, p. 290–292, 2012. Disponível em: <http://doi.wiley.com/10.1111/j.1530-9290.2012.00505.x>

SHI, L.; YU, B. **Eco-Industrial Parks from Strategic Niches to Development Mainstream: The Cases of China.** Sustainability, v. 6, n. 9, p. 6325–6331, 2014.

SMOLENAARS, T. **Industrial ecology and the role of the Cleaner Production Centre.** Industry and Environment, v. 19, n. 4, p. 19–21, 1996. JOUR.

STAHEL, W. R. **Sustainability and Services.** In: TISCHNER, U.; CHARTER, M. (Eds.). **Sustainable Solutions: Developing Products and Services for the Future.** Sheffield: Greenleaf Publishing, 2001. p. 151–154.

STARFELT, F.; YAN, J. **Case study of energy systems with gas turbine cogeneration technology for an eco-industrial park Fredrik.** International journal of energy research, v. 32, p. 1128–1135, 2008.

SU, B. et al. **A review of the circular economy in China: Moving from rhetoric to implementation.** Journal of Cleaner Production, v. 42, p. 215–227, 2013. Disponível em: <http://dx.doi.org/10.1016/j.jclepro.2012.11.020>

THIERIOT, H.; SAWYER, D. **Development of Eco-Efficient Industrial Parks in China: A review.** IISD Report, n. March, p. 1–24, 2015. Disponível em: <https://www.iisd.org/sites/default/files/publications/development-eco-efficient-industrial-parks-china-review-en.pdf>

THIERRY, M. et al. **Strategic issues in product recovery management.** California management review, v. 37, n. 2, p. 114–136, 1995.

TIRONI, L. F. (ED.). **Industrialização descentralizada: sistemas industriais locais.** Brasília: IPEA, 2001.

TISCHNER, U.; CHARTER, M. **Sustainable product design. In: Sustainable Solutions: dDveloping Products and Services for the Future.** [s.l.] Greenleaf Publishing, 2001.

TUDOR, T.; ADAM, E.; BATES, M. **Drivers and limitations for the successful development and functioning of EIPs (eco-industrial parks): A literature review.** Ecological Economics, v. 61, n. 2–3, p. 199–207, 2007.

URBINATI, A.; CHIARONI, D.; CHIESA, V. **Towards a new taxonomy of circular economy business models.** Journal of Cleaner Production, v. 168, p. 487–498, 2017. Disponível em: <https://doi.org/10.1016/j.jclepro.2017.09.047>

UZZI, B. **The Sources and Consequences of Embeddedness for the Economic Performance of Organizations: The Network Effect.** American Sociological Review, v. 61, n. 4, p. 674, 1996.

VAN BERKEL, R. **Industrial symbiosis in Australia: An update on some developments and research initiatives.** In: **The Industrial Symbiosis Research Symposium at Yale: Advancing the study of industry and environment.** 2004, New Haven. Anais... New Haven: CT, 2004.

VEIGA, L. B. E. **Diretrizes para a Implantação de um Parque Industrial Ecológico: Uma Proposta para o PIE de Paracambi, RJ. 2007. Tese de Doutorado, Rio de Janeiro, RJ.** Tese de Doutorado. UFRJ, Rio de Janeiro, 2007

VEIGA, L. B. E.; MAGRINI, A. **Eco-industrial park development in Rio de Janeiro, Brazil: a tool for sustainable development.** Journal of Cleaner Production, v. 17, n. 7, p. 653–661, 2009.

VINHA, V. **As Empresas e o Desenvolvimento Sustentável: da Ecoeficiência à Responsabilidade Social Corporativa.** In: MAY, P.; LUSTOSA, M. C.; VINHA, V. (Eds.). Economia do Meio Ambiente. [s.l.] Campus, 2003.

WANG, Q. **Industrial symbiosis model analysis for eco-industrial parks (in Chinese).** Sci Tech Inf Gansu, v. 38, n. 5, p. 72–73, 2009.

WANG, Q.; DEUTZ, P.; CHEN, Y. **Building institutional capacity for industrial symbiosis development: A case study of an industrial symbiosis coordination network in China.** Journal of Cleaner Production, v. 142, p. 1571–1582, 2017. Disponível em: <http://dx.doi.org/10.1016/j.jclepro.2016.11.146>

WANG, Z. et al. **Pursuing sustainable industrial development through the ecoindustrial parks: Three case studies of China.** Annals of the New York Academy of Sciences, v. 1195, n. SUPPL. 1, p. 145–153, 2010.

WANG, Z. H.; YIN, J. H. **Research on operation pattern of industrial symbiosis network in eco-industry park (in Chinese).** China Soft Sci, v. 2005, n. 2, p. 80–85, 2005.

WEN, Z.; MENG, X. **Quantitative assessment of industrial symbiosis for the promotion of circular economy: A case study of the printed circuit boards industry in China's Suzhou New District.** Journal of Cleaner Production, v. 90, p. 211–219, 2015. Disponível em: <http://dx.doi.org/10.1016/j.jclepro.2014.03.041>

YANG, S.; FENG, N. **A case study of industrial symbiosis: Nanning Sugar Co., Ltd. in China.** Resources, Conservation and Recycling, v. 52, n. 5, p. 813–820, 2008. JOUR.

YU, C. et al. **From an eco-industrial park towards an eco-city: a case study in Suzhou, China.** Journal of Cleaner Production, v. 102, p. 264–274, 2015.

YU, C.; DE JONG, M.; DIJKEMA, G. P. J. P**rocess analysis of eco-industrial park development - The case of Tianjin, China.** Journal of Cleaner Production, v. 64, p. 464–477, 2014. Disponível em: <http://dx.doi.org/10.1016/j.jclepro.2013.09.002>

YUAN, Z. et al. **Theory and control mechanism of eco-industrial parks.** Acta Ecologica Sinica, v. 24, n. 11, p. 2501–2508, 2004.

YUAN, Z. et al. **Improving Competitive Advantage with Environmental Infrastructure Sharing: A Case Study of China-Singapore Suzhou Industrial Park.** International Journal of Environmental Research, v. 4, n. 4, p. 751–758, 2010.

ZHANG, H. et al. **Comparative analysis of socio-economic and environmental performances for Chinese EIPs: Case studies in Baotou, Suzhou, and Shanghai.** Sustainability Science, v. 4, n. 2, p. 263–279, 2009.

ZHANG, L. et al. **Eco-industrial parks: national pilot practices in China.** Journal of Cleaner Production, v. 18, n. 5, p. 504–509, mar. 2010. Disponível em: <http://dx.doi.org/10.1016/j.jclepro.2009.11.018>.

ZHANG, Y. et al. **A review of industrial symbiosis research: theory and methodology.** Frontiers of Earth Science, v. 9, n. 1, p. 91–104, 2014.

ZHANG, Y.; ZHENG, H.; FATH, B. D. **Ecological network analysis of an industrial symbiosis system: A case study of the Shandong Lubei eco-industrial park.** Ecological Modelling, v. 306, n. March 2016, p. 174–184, 2015. Disponível em: <http://dx.doi.org/10.1016/j.ecolmodel.2014.05.005>

ZHU, Q. et al. **Industrial Symbiosis in China: A Case Study of the Guitang Group.** Journal of Industrial Ecology, v. 11, n. 1, p. 31–42, 2007. Disponível em: <http://doi.wiley.com/10.1162/jiec.2007.929>article.

ZHU, Q.; COTE, R. P. **Integrating green supply chain management into an embryonic eco-industrial development: a case study of the Guitang Group.** Journal of Cleaner Production, v. 12, n. 8–10, p. 1025–1035, 2004. article.

APÊNDICE

A SUSTENTABILIDADE EM AGLOMERAÇÕES PRODUTIVAS E O CASO DE UM SISTEMA LOCAL DE PRODUÇÃO DA REGIÃO DO GRANDE ABC PAULISTA

Marcos Cesar Lopes Barros

Introdução

Tem-se por objetivo principal aqui descrever e analisar tipos evolucionários de sistemas locais de produção que podem ser levados em conta por atores sociais tanto para a elaboração de estratégias como na execução de práticas socioambientais. As aglomerações produtivas têm sido objeto de análises e de políticas públicas nas últimas décadas graças à ocorrência de diversas experiências de sucesso em termos de desempenho econômico-financeiro das empresas participantes de tais formas de interação extramercado. Ao mesmo tempo, restrições socioambientais crescentes fazem com que as empresas busquem resultados em *triple bottom line*. Assim, os sistemas locais de produção podem oferecer aos atores sociais estratégias e experiências de ações conjuntas que produzam resultados socioambientais importantes. Considerando isso, foi realizado um estudo de caso da cadeia produtiva petroquímica-plásticos da região do Grande ABC paulista, para explorar e avaliar as práticas socioambientais dos sistemas locais de produção com indicadores que se baseiam nos princípios da Economia Ecológica e Ecologia

Industrial. Dessa forma, espera-se contribuir para o entendimento de um novo conceito de sistema local de produção "verde", a partir do qual empresas e os atores locais desenvolvam projetos cooperativos voltados também para as dimensões social e ambiental da sustentabilidade.

O limiar de um novo paradigma econômico para o uso dos recursos naturais

No contexto da crise energética da década de 1970, os países-membros do Clube de Roma publicam um relatório em que se propõe o crescimento econômico zero como forma de se evitar um desastre ambiental em todo o planeta Terra (MEADOWS, 1972). Ao mesmo tempo, tais países passam a dar importância à ideia da sustentabilidade, segundo a qual o progresso técnico deve respeitar o equilíbrio dos ecossistemas ao mesmo tempo que o crescimento econômico deve ser orientado tanto para o aumento da produção quanto para a redução da pobreza e das desigualdades sociais.

Em um painel de debates sobre política internacional do fórum *World Conservation Strategy* (IUCN/UNEP/WWF, 1980), o termo "desenvolvimento sustentável" foi utilizado pela primeira vez e, posteriormente, ganhou notoriedade mundial com a publicação do relatório final da Comissão *Brundland* (UNITED NATIONS, 1987), às vésperas dos preparativos para a Conferência Rio/ECO-92. Entretanto, apesar de toda a atenção voltada ao conceito, a percepção de sua mensagem central, qual seja, a de integrar meio ambiente e desenvolvimentismo, continuou sendo ambígua. Entre as nações mais ricas do hemisfério norte, desenvolvimento sustentável era predominantemente entendido como mais um conceito de preservação dos recursos naturais associado à despoluição nos centros industriais e à salvaguarda da biodiversidade como patrimônio da humanidade.

Mas, para grande parte dos países pobres do hemisfério sul, por outro lado, o termo "desenvolvimento sustentável" significava reduzir a pobreza por meio do desenvolvimento econômico. Essas percepções diversas não eram apenas resultado de diferentes prioridades, mas também de interpretações conflitantes sobre as questões ambientais que surgiram desde o início da década de 1970. Nesse sentido, o relatório do Clube de Roma intitulado *Limites do Crescimento* apresentava as diretrizes para o debate no hemisfério norte (MEADOWS, 1972), enfatizando a necessidade de mudar o rumo do desenvolvimento a fim de garantir a quantidade de recursos naturais necessários para a sobrevivência da população mundial. Para os Estados Unidos da América, isso contribuiu para consolidar o entendimento de que o principal risco a ocorrer no futuro estava associado ao crescimento da população, enquanto na Europa o foco estava mais no padrão de consumo individual e industrial, reforçado, em seguida, pela primeira crise mundial do petróleo.

Entretanto, para os países do hemisfério sul, esse argumento era entendido como uma negação do "direito ao desenvolvimento", estabelecido na Carta dos Direitos Humanos da ONU. Em relação ao consumo de recursos naturais, eles consideravam o desafio, não em termos de "limites ao crescimento", mas, sim, relacionado a uma justa distribuição da riqueza: de acordo com Mahatma Gandhi, o mundo tem o suficiente para as necessidades de todos, mas não para satisfação de uma de suas partes isoladamente (SPANGENBERG, 2001). Esse posicionamento ficou mais claramente estabelecido no relatório intitulado *Limites à Miséria,* produzido pela Fundação Bariloche, na Argentina. Ele ressurgiu durante as discussões sobre sustentabilidade, em fins dos anos 1980, e estabeleceu, na Agenda 21, que "a excessiva demanda e o insustentável estilo de vida dos mais ricos provocam intensos impactos negativos sobre o meio ambiente" (ORGANIZAÇÃO DAS NAÇÕES UNIDAS, 1992).

Um dos objetivos-chave da Comissão *Brundtland* era reconciliar esses dois posicionamentos. Ela tentou fazer isso destacando a questão ambiental e apontando o foco para o meio ambiente global e sua capacidade de carga de absorção, de modo a criar uma visão globalizante e concentrada na interdependência entre os países dos hemisférios norte e sul. Isso apontava para responsabilidades compartilhadas, sem ignorar as desigualdades quanto ao poder, influência e responsabilidade própria de cada país. A referida Comissão foi bem-sucedida em impedir a polarização dos anos 1970, ao organizar o debate em torno da definição do termo "desenvolvimento sustentável", extraindo *trade-offs* entre crescimento e desenvolvimento e direcionando a possibilidade de se criar situações com benefícios mútuos.

Ao longo dos últimos anos, o conceito de desenvolvimento sustentável da Comissão *Bundtland* tornou-se o mais citado da literatura, caracterizado como "o desenvolvimento que atende às necessidades atuais sem comprometer a capacidade das gerações futuras de fazer o mesmo" (ORGANIZAÇÃO DAS NAÇÕES UNIDAS, 1987). Apesar da aparência de ser um conceito muito vago para fins operacionais, ele estabelece que a sustentabilidade não é uma nova embalagem para um ambientalismo do novo milênio, mas essencialmente uma nova forma de ver o mundo, com base em considerações sobre justiça inter e intrageracional e na responsabilidade compartilhada.

Da mesma forma, a visão ecodesenvolvimentista[10] estabelece que as necessidades humanas devem ser atendidas juntamente com a garantia das oportunidades que propiciam uma vida digna, não e tão somente para grupos específicos, mas para toda a população do planeta. Esse critério exige a distribuição igualitária tanto dos benefícios da sociedade de consumo como dos riscos que estão associados à produção de bens e serviços. Isso estabelece um interessante ponto de partida para o *design* sustentável ou eco*design*, porque, evidentemente, as contribuições para a sustentabilidade não podem estar limitadas aos produtos vendidos nos mercados capitalistas, mas devem partir das necessidades humanas e dos meios mais sustentáveis de satisfazê-las (SPANGENBERG, 2001). Isso pode ser conseguido por produtos ou serviços ecoeficientes ou mesmo por arranjos sociais alternativos. Ademais, acessibilidade e disponibilidade, além de considerações estritamente de mercado, tornam-se importantes critérios para tais formas de atendimento das necessidades humanas.

Com base nessas discussões sobre sustentabilidade, muitos indicadores têm sido elaborados, tanto para resultados agregados ("macroindicadores") quanto para inciativas mais pontuais (BARCELLOS; CARVALHO; DE CARLO, 2010). Entre os macroindicadores, a resiliência dos ecossistemas, o nível de pobreza, a distribuição de renda, a contabilidade ambiental, a "pegada ecológica" (BARROS; AMATO NETO, 2011) e a Avaliação do Ciclo de Vida do Produto fazem parte das iniciativas empresariais voltadas ao atendimento

10 O ecodesenvolvimento acrescenta ao conceito de desenvolvimento sustentável a ideia de desenvolvimento endógeno e dependente de suas próprias forças, enfatizando a importância da justiça social e da preservação ambiental para gerações futuras. (SACHS, 1993)

das metas de desenvolvimento sustentável propostas na ECO-92. Somente após se estabelecer um acordo sobre o sentido e o significado dos efeitos deletérios das ações antrópicas, especialmente devido ao consumo das famílias e às atividades empresariais, é que esses indicadores passaram a ser elaborados e divulgados pelos *stakeholders,* ou atores sociais envolvidos.

Aglomerações produtivas (*clusters*) e os ecoparques

As conceituações dos *clusters* e dos distritos industriais não são únicas, pois o fenômeno da aglomeração produtiva envolve aspectos relacionados a diversos campos de pesquisa, conforme apontam Lazzaretti *et al.* (2014) ao mostrar a evolução do conceito de *cluster* na literatura internacional a partir da análise bibliométrica dos artigos mais citados na base de dados ISI Web of Science.[11] Neste sentido, os próprios ecoparques industriais (PIE) são aglomerações produtivas regidas por relações internas a dinâmica da economia circular cuja característica principal é a integração dos processos produtivos mediante trocas mutuamente benéficas às empresas envolvidas. Tal configuração exige estabilidade financeira e técnica nos relacionamentos interempresariais, onde o papel da governança é decisivo não apenas para controlar as incertezas, mas, principalmente, para garantir o funcionamento do próprio PIE segundo padrões técnico-administrativos apropriados.

Puga (2010) identificou três mecanismos a partir dos quais ocorrem as economias de aglomeração: compartilhamento, combinação e aprendizado. Os ganhos com compartilhamento decorrem do aumento dos fornecedores em quantidade e diversidade, redução dos riscos com fornecimento de insumos e da incerteza da demanda, bem como do acesso aos bens públicos e infraestrutura. Já a combinação se refere ao efeito do aumento do número de agentes (trabalhadores, fornecedores, firmas) na disponibilização de recursos produtivos adequados (trabalhadores qualificados, produtos intermediários ou conhecimentos técnicos) para as necessidades específicas das firmas e a melhoria da qualidade destes recursos. O aprendizado se relaciona com a

11 Neste estudo foram analisados 1.586 *papers* de 250 periódicos internacionais entre os anos de 1989 e 2010. Deste painel foram selecionados os 46 artigos mais citados, que possuíam pelo menos 10 citações por ano, em média.

geração, difusão e acumulação do conhecimento interna e externamente às firmas.

Outros benefícios econômicos das aglomerações produtivas em geral, e dos *clusters* em particular, decorrem da formação do capital social e das ações coletivas que reduzem os custos de transação ao criar instituições que articulam, criam e fomentam atividades de apoio e estratégias voltadas para o aumento da competitividade das empresas. A interação entre firmas e demais atores sociais permite, neste sentido, ampliar o mercado consumidor e superar gargalos tecnológicos por meio de uma rede de confiança e cooperação. Entretanto, até aqui as vantagens ou efeitos positivos das aglomerações produtivas apontados na literatura referem-se somente aos resultados econômicos sem apontar seus efeitos positivos para o meio ambiente e a sociedade.

Ao mesmo tempo, a transição da economia convencional para uma economia circular (ver Figura 2) implica a mudança das relações entre as empresas quanto ao reaproveitamento energético e de recursos naturais nas atividades produtivas, conforme as agendas de diversos fóruns internacionais voltados para a economia de baixo de carbono (WEFORUM, 2014). Trata-se de um novo paradigma da economia capitalista (ver Figura 3) no qual os recursos naturais são considerados finitos e não apenas escassos, e as novas formas de organizar as atividades produtivas com base em ciclos Rs são determinantes para se gerar ecoeficiência coletiva, ou seja, melhoria dos índices de sustentabilidade nas dimensões social e ambiental.

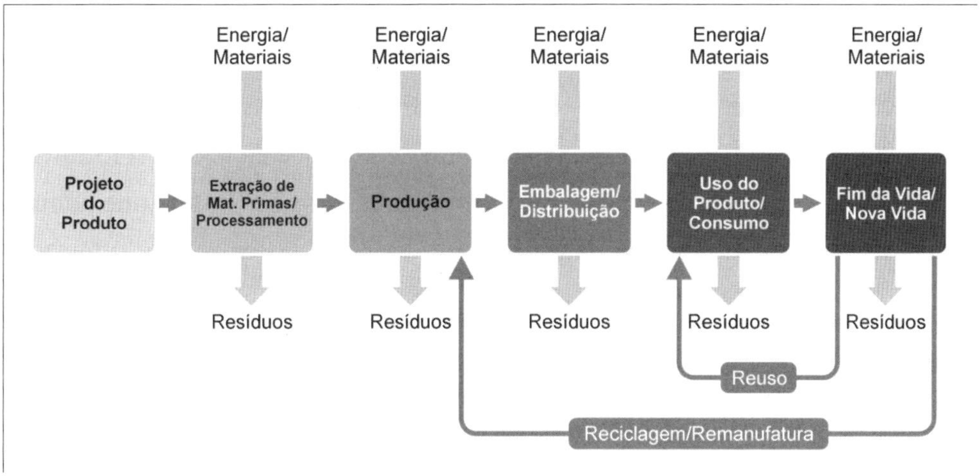

Figura A.1 Representação esquemática da Economia Circular.

Neste contexto de mudanças na forma de organizar as atividades econômicas, as aglomerações produtivas organizadas em sistemas locais de produção (SLP) podem integrar e catalisar as iniciativas empresariais voltadas para o desenvolvimento sustentável, pois, em se tratando de sistemas complexos, são possíveis novos arranjos institucionais e produtivos que busquem resultados nas três dimensões da sustentabilidade (econômico, social e ambiental). Para tanto, os atores sociais e as empresas devem se posicionar proativamente em relação às possíveis trajetórias evolutivas dos SLP nas quais estão inseridos, pois, sem uma governança[12] voltada para a sustentabilidade, há uma tendência de se prevalecer o *business as usual* da economia convencional. Logo, as ações coletivas dos SLP devem avançar para a integração produtiva e para o estabelecimento de instituições que promovam a simbiose industrial.

No entanto, os autores de análises sobre *clusters* têm atribuído pouca importância às ações específicas voltadas para o desenvolvimento sustentável, seja porque tais ações, por um lado, envolvem decisões não apenas ao nível dos *clusters*, mas também ao nível de toda a cadeia de valor, seja porque, por outro lado, exigem um enfoque interdisciplinar devido à própria natureza sistêmica das questões envolvidas (SERVA, 1992). Assim, foi elaborada e executada uma pesquisa de doutorado, a ser apresentada em seguida, com o objetivo de

12 Governança é aqui entendida como coordenação e controle de atividades.

discutir em que medida os *clusters* podem orientar os benefícios da cooperação interempresarial tanto para fazer frente às questões socioambientais como para melhorar os usuais indicadores de competitividade. Para tanto, inicialmente foram analisados os princípios da Economia Ecológica e da Ecologia Industrial a fim de se identificar os riscos e oportunidades para os *clusters* que adotam uma estratégia de sustentabilidade.

Assim, por hipótese, as empresas dos *clusters* podem apresentar diferentes tipos de arranjos colaborativos que resultam também em simbiose industrial, entre os quais estão o compartilhamento de máquinas/equipamentos, a provisão de serviços comuns e a utilização de subprodutos (KORHONEN, 2004). Os princípios da simbiose industrial se relacionam aos benefícios ambientais dessas formas de compartilhamento que buscam, além da redução de custos, menores emissões de gases poluentes, aumento da utilização de fontes de energia renováveis e redução do impacto sobre os sistemas de fornecimento de recursos naturais, especialmente o de água (COHEN-ROSENTHAL; MUSNIKOW, 2003). Ao mesmo tempo, a quantidade de matérias-primas e de energia nas aglomerações produtivas pode ser reduzida com a utilização de serviços comuns na medida em que as firmas individuais não operem seus próprios equipamentos e infraestrutura e contratem um prestador de serviços externo. A produtividade dos recursos pode aumentar quando aqueles prestadores são especializados em determinada atividade e desta forma realizam atividades presumidamente mais eficientes.

Por fim, empresas que buscam trocas de subprodutos com firmas próximas geograficamente podem obter benefícios como: redução de custos de transportes e de transação; menor necessidade de estocagem; possibilidade de entrega *just-in-time*, bem como a possibilidade de atender a necessidade dos clientes por meio de acordos cooperativos. Este tipo de transação pode trazer também outros benefícios. A utilização de subprodutos como matéria-prima pode reduzir os custos de produção e a necessidade de materiais e energia em decorrência da criação de interconexões entre processos produtivos. A venda de resíduos é mais lucrativa do que o pagamento de serviços voltados para o seu descarte e na maioria das vezes reduz os impactos ambientais destes materiais.

Neste sentido, as aglomerações produtivas, assim como os PIE, apresentam possibilidades de triplos resultados (econômico, social e ambiental) que se alinham com os objetivos das ações empresariais voltadas para o desenvolvimento sustentável, embora tais possibilidades, na maior parte da literatura, sejam tratadas como economias de aglomeração ou ações coletivas que resultam em vantagens competitivas estritamente econômicas. Ou seja, na economia circular, os *clusters* podem funcionar também como catalisadores das iniciativas voltadas para o desenvolvimento sustentável que podem ocorrer tanto ao nível da empresa quanto ao longo das cadeias produtivas. Tais ações, de acordo com os princípios da Economia Ecológica, devem estar associadas com a implementação da produção mais limpa e do sistema produção-consumo sustentável do ponto de vista de gastos com energia e recursos naturais. Algumas ações nesta direção serão apresentadas aqui como resultado da pesquisa acadêmica mencionada anteriormente, entre as quais podem ser destacadas a reciclagem, a realização de projetos voltados para a preservação ambiental e o comércio de subprodutos.

Conforme será visto na próxima seção, se os *clusters* forem considerados como organizações complexas que evoluem a partir de interações internas e externas, sinergias e ações coletivas (emergências), espera-se que haja também resultados positivos nas dimensões social e ambiental da sustentabilidade. Desta forma, os *clusters* "verdes" podem desempenhar um importante papel no movimento global pelo desenvolvimento sustentável. Para tanto, é necessário que as ações, projetos e programas destas organizações sejam orientados não apenas para a rentabilidade econômica das firmas, mas também para a equidade social e a preservação do meio ambiente. Dessa maneira, as estratégias dos *clusters* devem buscar a combinação de suas atividades de tal modo que, em vez do *trade-off* entre rentabilidade e sustentabilidade, ocorram resultados mutuamente benéficos. Estas estratégias se justificam na medida em que investimentos na produção mais limpa criarão vantagens competitivas em um contexto da economia mundial em que os consumidores estão cada vez mais conscientes em relação às questões ambientais e, ao mesmo tempo, as legislações tornam-se mais rigorosas na fiscalização de empresas poluidoras.

O caso do SLP de petroquímicos-plásticos do Grande ABC paulista

O estudo do SLP de petroquímicos-plásticos do GABC será realizado para o aprofundamento de temas centrais das pesquisas sobre aglomerações produtivas, especialmente a cooperação e interação dos atores locais voltadas para ações coletivas. Trata-se, portanto, de um estudo voltado para práticas emergentes nos SLP na perspectiva do desenvolvimento sustentável, conferindo a ele um caráter interdisciplinar e sistêmico, já que envolve aspectos socioambientais até o presente pouco explorados na literatura. Ao mesmo tempo, busca-se, com este estudo de caso, a realização de interfaces com outras disciplinas por meio da utilização de conceitos pertencentes à Ecologia Industrial e à Economia Ecológica.

Esse estudo de caso se apoia no modelo de referência apontado no Quadro A.1. Nele, mostra-se dois estágios de evolução pelo quais os SLP devem passar para que suas ações, programas e projetos coletivos estejam alinhados com as três dimensões da sustentabilidade (econômica, social e ambiental). O primeiro refere-se ao estabelecimento das próprias conexões interempresariais voltadas ao reaproveitamento de materiais e energia; já o segundo estágio diz respeito às medidas relacionadas à cooperação, de forma abrangente, em diversas ações coletivas, projetos e atividades. Portanto, a pesquisa de campo está voltada a coletar evidências que pertencem a cada um dos estágios e permitem identificar a fase evolutiva do SLP.

1º Estágio: conexões (*loops* nos processos produtivos e de consumo)	
Conexão	**Variáveis**
Reciclagem de materiais e reaproveitamento energético	- ações dos SLP relacionados com os princípios de Economia Ecológica e Ecologia Industrial. - práticas empresariais como SGA, 4R entre outros.
Cooperação para melhoria e integração de processos produtivos	ações dos SLP voltadas para a sustentabilidade

2º Estágio: *network* voltada para a simbiose industrial	
Ação coletiva	**Variáveis**
Cooperação no desenvolvimento de produtos sustentáveis	- estratégias dos SLP em relação à sustentabilidade
Adesão a uma responsabilidade social comum	- responsabilidade socioambiental individual e/ou coletiva. - estrutura de governança dos SLP para a sustentabilidade
Promoção do aprendizado interempresarial e a geração de conhecimento	- indicadores de sustentabilidade dos SLP

Quadro A.1 Modelo de referência com as variáveis de pesquisa

Conforme foi mencionado nos parágrafos anteriores, o caso SLP petroquímicos-plásticos do Grande ABC será analisado em suas dimensões histórica, organizacional, econômica, social e ambiental. Tal SLP foi selecionado para este estudo por ser uma das aglomerações produtivas do estado de São Paulo que possui muitas características relevantes aos objetivos desta tese, a serem apontadas a seguir. Em primeiro lugar, o SLP petroquímico-plásticos do GABC está localizado no Grande ABC paulista, que é uma região conhecida mundialmente pela concentração de fábricas da indústria automobilística, o que confere um elevado dinamismo à economia local. Soma-se a isso, o fato de que tal região faz parte da maior área de concentração populacional da América Latina, que é a região metropolitana de São Paulo. E ainda em relação às características de sua dimensão econômica, o SLP petroquímico-plástico do GABC abrange toda a cadeia petroquímica, cujas empresas, em grande parte, também estão localizadas na região do Grande ABC.

Na dimensão ambiental está outra característica relevante do SLP petroquímico-plásticos do GABC, pois ele faz parte de uma das cadeias produtivas mais pesquisadas quando o tema é reciclagem, em razão de sua conhecida produção de garrafas PET e de outros artigos nocivos ao meio ambiente, como as sacolas plásticas e os diversos tipos de embalagens derivadas do plástico. Além disso, a forte urbanização das cidades que compõem o Grande ABC nos últimos anos, somada a uma aglomeração industrial consolidada ao longo de décadas, tem exercido impactos importantes na qualidade de vida da população e no meio ambiente regional, que possui, particularmente, uma grande área de proteção aos mananciais. Dessa forma, as questões ambientais da região do Grande ABC ultrapassam os seus próprios limites territoriais, na medida em que envolvem tanto a atuação de atividades produtivas estratégicas no desenvolvimento sustentável como a crescente deterioração da qualidade de vida da população em áreas urbanas.

Por fim, uma última característica do SLP petroquímico-plásticos que o justifica como objeto para este estudo de caso é a existência e atuação dos atores sociais por meio de instituições regionais, como a Agência de Desenvolvimento Econômico do Grande ABC (ADE) e o Consórcio Intermunicipal do Grande ABC. Trata-se de arranjos institucionais públicos, mas não estatais, de discussão, planejamento e realização de ações, projetos e programas voltados para o fortalecimento das atividades produtivas e o desenvolvimento sustentável local. Tais instituições regionais, somadas à existência de um sindicalismo atuante e de uma grande rede de ensino e pesquisa, formam um cenário potencialmente promissor para a realização de ações coletivas, especialmente aquelas voltadas para a sustentabilidade econômica, social e ambiental.

Perfil da região e do setor petroquímico-plástico

Conhecida mundialmente como Polo da Industria Automotiva, a região do ABC ou do Grande ABC paulista está situada na porção sudeste do estado de São Paulo e é composta por sete municípios: Santo André (A), São Bernardo do Campo (B), São Caetano do Sul (C), Diadema (D), Mauá, (M), Ribeirão Pires (RP) e Rio Grande da Serra (RGS), conforme se observa no Mapa A.1, a seguir. Situada estrategicamente entre o munícipio São Paulo, o maior centro consumidor do Brasil, e o Porto de Santos, a região em foco atraiu ao longo do século XX as instalações das maiores montadoras de automóveis do mundo (VW, GM, Ford, Mercedes Benz, entre outras), bem como uma extensa rede de fabricantes de autopeças e de serviços especializados.

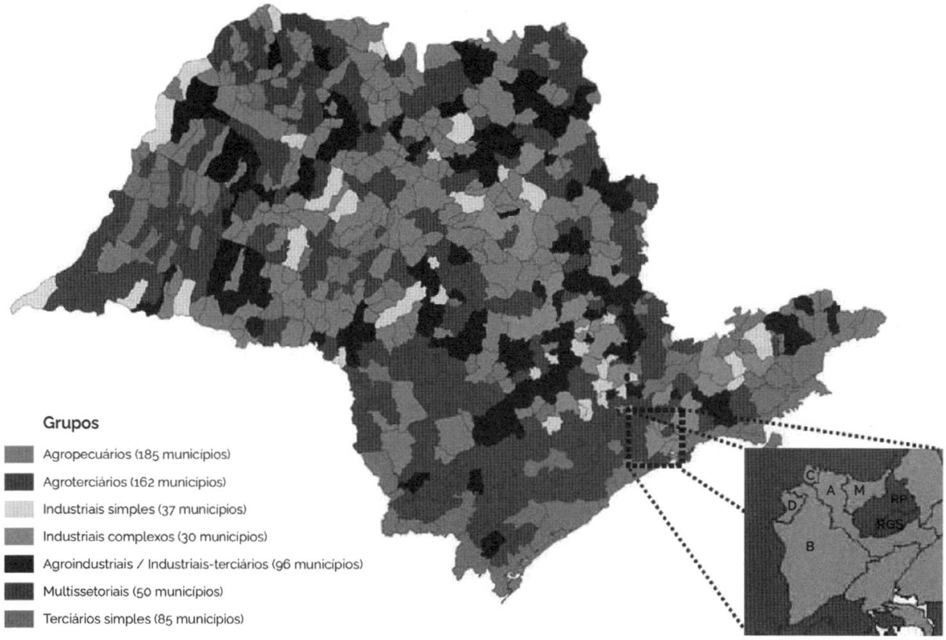

Mapa A.1 Estado de São Paulo, Brasil. Em destaque, a Região do GABC.
Fonte: SEADE.

Mas, em face de um forte processo de desconcentração e descentralização industriais que ocorreram no bojo do cenário de desindustrialização da economia brasileira das últimas décadas, houve um importante fluxo de saídas de empresas e a consequente queda da atividade industrial nesta região. Por outro lado, devido às vantagens competitivas apontadas, como a logística e a proximidade do mercado consumidor, a região do ABC ainda mantém sua importância como Polo Industrial, pois, considerando os sete municípios como um único "grande município do Grande ABC", concentra o 2º. maior valor adicionado da indústria do estado de São Paulo (Tabela A.1). Este "grande município" produz um PIB de R$ 119 bilhões e possui 2,8 milhões de habitantes, representando a quarta colocação entre os mercados consumidores municipais, ficando atrás somente de São Paulo, Rio de Janeiro e Brasília.

Trata-se de uma região classificada pela Fundação Seade como "industrial complexa", em função da forte presença do setor industrial, diversificado e de grande importância econômica. A indústria do GABC está concentrada em três setores industriais: material de transporte, química/petroquímica e metalurgia. A indústria de material de transporte e metalurgia concentra-se em São Bernardo do Campo, Santo André e São Caetano do Sul, e a indústria de insumos básicos – química e petroquímica – está mais adensada em São Bernardo do Campo, Santo André e Mauá (ADE, 1999).

Municípios do estado de São Paulo com maiores PIBs, 2017			
Municípios	**Valor Adicionado da Indústria (em mil reais)**	**PIB (em mil reais)**	**PIB per capita (em reais)**
ESTADO DE SÃO PAULO	378.709.932	2.119.854.035	48.538
São Paulo	59.119.809	699.288.352	59.788
"Município Gabc"	27.373.619	118.614.543	41.604
Osasco	3.350.007	77.910.496	115.227
Campinas	9.993.493	59.053.563	51.317
Guarulhos	10.558.105	55.743.650	42.450

Tabela A.1 Valor adicionado da indústria, Produto Interno Bruto Total e per capita a Preços Correntes
Fonte: Fundação SEADE, 2019.

Ao mesmo tempo, desenvolveu-se também na região do Grande ABC um número significativo de empresas da indústria de transformados plásticos, que representam 10,6% do total existente no estado de São Paulo, destacando-se o município de Diadema, onde se registravam 180 empresas no ano de 2018 (Tabela A.2). Dentre os onze municípios do estado de São Paulo com o maior número de empresas produtoras de artefatos de plásticos, quatro estão no Grande ABC paulista, quais sejam: Diadema, São Bernardo do Campo, Santo André e Mauá. As empresas do GABC também são responsáveis por 11,4% dos empregos gerados na indústria de transformados plásticos do estado de São Paulo, perfazendo um total de 14.255 postos de trabalho em 2018, segundo dados da RAIS deste ano.

Comparativamente, a indústria de transformados plásticos da região do Grande ABC paulista apresenta, segundo dados da RAIS, características similares ao perfil geral desse setor no Brasil (ABDI, 2009), mas incluindo algumas particularidades, como a forte influência da indústria automobilística no mercado consumidor e a existência do Polo Petroquímico do Grande ABC, nos municípios de Santo André e Mauá, que atua como indutor de inovação e integração de toda a cadeia petroquímica de plásticos. Entretanto, é a proximidade geográfica com mercados consumidores, de bens finais e intermediários, mais do que com fornecedores, que determina a aglomeração de empresas de indústria de transformados plásticos na região do Grande ABC, considerado o primeiro atrativo para localização das empresas desse setor.

Posição	Município	Fab. de Prod. de Plástico
1	São Paulo	1262
2	Guarulhos	218
3	Diadema	180
4	São Bernardo do Campo	105
5	Santo André	78
6	Sorocaba	70
7	Ribeirão Preto	70
8	Barueri	66
9	Campinas	63
10	Santana de Parnaíba	62
11	Mauá	62

Tabela A.2 Número de estabelecimentos no estado de São Paulo
Fonte: RAIS, 2018.

Portanto, no mesmo Grande ABC, localiza-se uma cadeia produtiva completa da indústria de transformados plásticos, formada, a montante, por empresas da primeira e da segunda geração do Polo Petroquímico do Grande ABC e, a jusante, por centenas de empresas transformadoras de plásticos localizadas em todos os municípios dessa região, com destaque para Diadema,[13] cuja posição geográfica permite acesso direto e rápido a vários municípios, inclusive São Paulo. Dessa forma, o desenvolvimento da indústria de transformados plásticos do GABC ocorreu sob condições favoráveis do ponto de vista de vantagens competitivas, na medida em que, de um lado, a oferta local de resinas plásticas era facilitada pela presença de um polo petroquímico e, de outro, a demanda automotiva impulsionava uma rede de clientes, conforme apontado nas seções anteriores.

Essa configuração da cadeia produtiva petroquímica/plásticos na

13 Para Klink (2001), a concentração desse segmento da indústria nesse município ocorre principalmente em razão da proximidade com as montadoras de automóveis, instaladas na região oeste do Grande ABC.

região do Grande ABC se desenvolveu a partir da implantação, em 1954, da Refinaria de Capuava, no município de Mauá, e da posterior instalação de uma Central de Matérias-Primas Petroquímicas (a Petroquímica União) em terreno vizinho a essa refinaria, conforme o seguinte relato:

> "Alguns fatores contribuíram para alavancar o novo negócio. Como a Refinaria de Capuava estava estrategicamente localizada entre os municípios de Santo André e Mauá, e o estado de São Paulo era o centro de consumo de produtos petroquímicos finais que, à época, eram absorvidos por cerca de 2.400 indústrias de ponta, as obras seriam realizadas em um terreno adjacente à Refinaria União (atual Capuava). A localização favorecia também o transporte por dutos tanto da nafta quanto dos derivados de petróleo, que deveriam retornar à Petrobrás a fim de serem incorporados pelos combustíveis" (KLEIN, 2011).

Para criação da Petroquímica União, em 1967, foram aportados recursos financeiros da Petrobrás por meio da Petroquisa, uma subsidiária criada especialmente para tal fim, bem como de grupos empresariais nacionais e estrangeiros. Tratava-se de um modelo tripartite de financiamento, replicado na criação de outros polos petroquímicos brasileiros, com o qual se buscou satisfazer a exigência de que cada empresa tivesse em sua constituição acionária pelo menos três componentes: a Petroquisa (estatal), com participação nunca inferior a de qualquer outro acionista; uma empresa estrangeira de capital privado, com conhecimento sólido e fornecimento de tecnologia, e um grupo privado nacional.[14] Dessa forma, a PQU entrou em operação, no ano de 1972, com capacidade para produzir 187 mil ton/ano de eteno e para distribuí-lo num raio de 20 km para as empresas da segunda geração,[15] especialmente para as produtoras de resinas plásticas.

Nas décadas de 1970 e 1980, a trajetória do Polo Petroquímico do Grande ABC está fortemente relacionada com a própria evolução da economia brasileira e internacional, uma vez que a cadeia petroquímica depende

14 Os outros polos petroquímicos brasileiros criados durante a década de 1970 se localizam em Camaçari (BA) e em Triunfo (RS).

15 Instaladas outras empresas nas proximidades: Poliolefinas; Brasilvil, Cia. Paulista de Monômeros (Copamo); Cia. Brasileira de Tetrâmero, da União de Indústrias Petroquímicas (Unipar); Oxiteno e Polibrasil, a primeira fábrica de propileno brasileira.

basicamente do consumo agregado (intermediário e final) e do preço do petróleo (TORRES, 1997). Nesse sentido, as políticas econômicas realizadas nesse período, como os PNDs e os Planos de Estabilização, ao fomentar ou restringir a expansão do PIB, impactaram os resultados econômico-financeiros de todas as empresas, especialmente as que estavam nos elos mais a montante das cadeias produtivas.[16] Por outro lado, os novos polos de Triunfo (RS) e de Camaçari (BA), com escalas de produção e processos produtivos mais eficientes, passaram a ameaçar a viabilidade econômico-financeira das empresas petroquímicas do GABC, que já indicavam deficiências tanto em seus processos produtivos quanto na escala de produção.[17]

As condições impostas pelos mercados nacional e internacional da indústria petroquímica dos anos 1990 colocaram em risco a própria sobrevivência do polo do GABC; do lado doméstico, em virtude da recessão econômica, e, no cenário externo, por causa da expansão excessiva da capacidade da produção da indústria petroquímica mundial, ao entrarem em operação as petroquímicas asiáticas, o que ocasionou uma sensível queda de

16 As crises do petróleo (1974/79) e dos juros (1981) levaram a economia internacional à recessão em um momento em que o Brasil encontrava-se no meio de uma grande expansão do PIB e em plena execução de seus grandes programas de desenvolvimento. Os produtos petroquímicos, em especial, apresentaram um consumo aparente muito aquém das expectativas, o que ocasionou uma oferta excedente em 1982, com a entrada em operação do Polo de Triunfo (RS). Em 1986, com o Plano Cruzado, o mercado interno recuperou-se e a demanda subitamente tornou-se muito maior que a capacidade produtiva das empresas. Essas condições favoráveis às empresas petroquímicas, tanto no Brasil quanto no exterior, prevaleceram até o início dos anos 1990.

17 "Formado por 13 indústrias concentradas num raio aproximado de 10 quilômetros, entre Santo André e Mauá, o Polo Petroquímico de Capuava (atual Grande ABC) congrega a fatia mais significativa da produção paulista, a mais antiga do país, e distribuída também por São José do Campos, Paulínia e Cubatão. Apesar de sua representatividade na produção paulista e nacional, Capuava tem hoje tanto a produção quanto o faturamento superados pelos polos mais novos e modernos – Camaçari, na Bahia, e Triunfo, no Rio Grande do Sul. Dados fornecidos pela PQU relativos a 1987 indicam que o polo paulista, no qual Capuava possui maior participação, responde por 29% da produção nacional de petroquímicos básicos, ficando Triunfo com 32% e Camaçari com 39%. Nas exportações, o polo paulista tem participação de 16%, contra 39% de Camaçari e 45% de Triunfo. Em vendas internas, São Paulo ganha de Triunfo (36% contra 24%), mas perde para Camaçari, com 40%" (KLEIN, 2011).

preços.[18] Nesse contexto adverso, as empresas do polo do GABC passaram a buscar estratégias para superação de suas vulnerabilidades críticas, como a baixa escala de produção, os elevados custos de operação, a obsolescência de suas máquinas/equipamentos e a baixa fidelização dos consumidores locais de resinas termoplásticas.

Dessa forma, foi criado o Grupo de Sinergia das empresas do Polo Petroquímico do GABC como uma estrutura organizacional de caráter executivo voltada para a redução de custos operacionais e para a realização de ações coletivas junto ao setor público, tendo em vista a grande importância das empresas petroquímicas na economia regional. Entre os objetivos comuns que surgiram dessa interação entre os atores sociais do GABC, estava a superação do gargalo produtivo da PQU, do qual derivava a restrição operacional e competitiva dos demais elos da cadeia produtiva, no final dos anos 1990 (ver Figura A.4).

Ao mesmo tempo, em meio ao forte processo de privatização das empresas estatais brasileiras dos anos 1990, a PQU passou para o controle privado do Grupo Unipar, que realizou investimentos e implantou importantes mudanças administrativas e operacionais para torná-la mais moderna e eficiente, como o aperfeiçoamento dos processos de fabricação e a simplificação dos métodos de trabalho.

18 Segundo relato de Nívio Roque, diretor industrial da Polietilenos União, em 1995, "com a abertura de mercado favorecida pelo governo Collor, para não morrer na praia, o polo paulista precisava tornar-se mais competitivo. Eu lembro que na época chegou um navio da Rússia carregado de polietileno que, na época, custava 500 dólares. Esse era o preço que a gente pagava pela matéria-prima (eteno) aqui na PQU. E depois tinha que processar e somar todos os custos fixos e variáveis para calcular o valor do produto. Então ficaria no mínimo o dobro do produto russo. Como a gente ia fazer? A gente ia morrer. Precisávamos nos unir para o polo ficar mais competitivo." (KLEIN, 2011)

Figura A.4 Vista aérea do Polo Petroquímico do GABC. Fluxo de produtos antes da expansão
Fonte: Boletim do Observatório Econômico, PMSA (2006).

Dessa forma, o projeto de expansão do Polo do GABC mobilizou todos os atores sociais da região que, reunidos no Grupo de Trabalho do Consórcio Intermunicipal do Grande ABC, definiram e realizaram estratégias para a superação das restrições de ordem legal, econômica e ambiental relativas ao aumento da capacidade de produção das empresas da primeira e segunda geração. Nesse sentido, foram indicados três objetivos principais de trabalho:

1. Derrubada do artigo 15 da lei 1.817/78, que impedia a instalação de novos projetos petroquímicos na região metropolitana de SP;

2. Realização do projeto Aquapolo para utilização industrial de água de reúso, já que a água é um importante insumo da indústria petroquímica; e

3. Projeto para cogeração de energia por meio de termelétricas.

Já em 2004 foi anunciado o acordo entre a Petroquímica União (PQU) e a Petrobrás, visando ao fornecimento de matéria-prima para o aumento da produção das empresas do Polo do Grande ABC (DGABC, 2007). Quanto aos demais projetos, somente o Aquapolo foi concluído em 2012, enquanto o projeto de cogeração foi retomado recentemente. Esses resultados positivos possibilitaram que a cadeia petroquímica-plásticos na região do Grande ABC realizasse um salto de competitividade na segunda metade dos anos 2000 e, como uma espécie de subproduto nobre, criasse o Grupo de Sinergia,[19] uma referência para organização de atores sociais voltados para o aumento da renda, emprego e sustentabilidade.

Esta região do GABC paulista encerra um conjunto complexo de relações sociais, econômicas e ambientais que resultaram em sua evolução, desde o seu povoamento ao longo da linha férrea Santos-Jundiaí até a consolidação de uma sociedade em que as instituições atingiram um grau de desenvolvimento tal que os efeitos de suas decisões e atividades extrapolam os limites da própria região. Ao mesmo tempo, e principalmente em função das múltiplas relações de produção derivadas de sua pujança econômica, o GABC reflete a dinâmica cíclica da economia capitalista, na qual se alternam momentos de prosperidade e de recessão mais ou menos longos; e essa duração dos ciclos econômicos depende em grande parte da ação dos atores sociais que, por sua vez, se desenvolvem e evoluem por meio de emergências organizacionais, conforme aponta a Teoria da Complexidade (MORIN, 1996b).

No período recente, dois eventos críticos mobilizaram (e ainda mobilizam, em menor grau) a sociedade do GABC no sentido de atuar anticiclicamente: a perda de competitividade da indústria petroquímica regional e a reestruturação produtiva da indústria automobilística (MATTEO; TAPPIA, 2003). Embora subsetores econômicos diferentes envolvam diretamente atores sociais distintos, algumas lideranças políticas foram além do comportamento corporativo e defensivo ao criarem novas organizações regionais capazes de atuar proativamente e com perspectivas de longo prazo (Câmara do ABC, 1999; KLINK, 2012). Nesse sentido, o Consórcio Intermunicipal, a ADE, o Grupo de Sinergia do Polo Petroquímico, os programas APL, entre outros

19 O Grupo de Sinergia foi um dos mais bem-sucedidos projetos envolvendo empresas congêneres de que se tem notícia no Brasil, servindo, inclusive, de modelo para outros conglomerados industriais. No ano 2000, o Polo Automotivo do Paraná e o Polo de Camaçari, por exemplo, passaram a adotar o plano de assistência do Polo do GABC, que contemplava a uniformidade contratual e a qualidade no atendimento. No mesmo ano, a Prefeitura de Santo André começou uma série de "Grupos de Sinergia": o da Avenida Industrial, o da Saúde, entre outros apoiados pelo então prefeito Celso Daniel, que sempre adotou o Polo do GABC como um dos atores principais para o desenvolvimento de Santo André. A ideia era adequar o modelo embrionário criado pelo Polo, visando: diminuir custos fixos na contratação de prestadores de serviços; melhorar o poder dos compradores, propiciar trocas de experiências e fomentar negócios entre as empresas participantes. (Depoimento do próprio autor desta tese.)

arranjos institucionais do GABC originaram-se naqueles períodos de crise, mas muitos persistem (e insistem) na construção coletiva de uma sociedade economicamente próspera, socialmente justa e em harmonia com o meio ambiente.[20]

Dessa forma, é possível supor que atores sociais de aglomerações produtivas (do SLP petroquímico-plásticos do GABC) atuam coletiva e proativamente no sentido de manter uma trajetória sustentável de desenvolvimento econômico, social e ambiental. Na dimensão setorial, essa atuação ocorre no sentido de fomentar e diversificar as externalidades, complementaridades e oportunidades que surgem em torno da atividade principal por meio de ações, projetos e programas coletivos. No que tange às relações entre fornecedores e consumidores na cadeia produtiva, o SLP busca adensar a agregação de valor regional mediante inovações tecnológicas de processo e de produto. Em ambas as dimensões, setorial e da cadeia produtiva, o SLP, como sistema complexo, evolui organizando as dualidades (as forças contraditórias) da competição/cooperação e do mercado/monopólio por meio de processos de interação, auto-organização e aprendizado que geram emergências organizacionais (formas de ações coletivas) e comportamentos próprios (relativos ao GABC).

Os principais eventos ligados a essa evolução são a perda de competitividade do Polo Petroquímico do GABC e a mudança na estrutura verticalizada da cadeia de valor (GEREFFI; HUMPHREY; STURGEON, 2005) da indústria automobilística nos anos 1980 e 90. Esse último evento resultou em um forte processo de reorganização nas transações entre as montadoras e seus fornecedores (terceirização) que, por sua vez, buscaram atender aos novos padrões impostos por seus clientes em termos de custos, prazo de entrega e qualidade (AGÊNCIA DE DESENVOLVIMENTO DO ABC, 2002). Segundo a classificação das estruturas de governança proposta por Gereffi *et al.* (2005), as transações com os fornecedores da indústria automotiva passaram de cativas para modulares, caso em que diminui a dependência/risco do comprador e eleva-se a responsabilidade dos fornecedores em termos de velocidade na

20 Conforme consta nos objetivos do Planejamento Estratégico Regional (Câmara do GABC, 1999).

entrega, flexibilidade e redução de custos. Surgem as chamadas empresas "nucleadoras" no SLP petroquímico-plásticos do GABC como fornecedores de primeira camada, que organizam tanto sua própria produção como coordenam a produção de outras empresas fornecedoras de subcomponentes de plásticos (quarteirização).

Por outro lado, durante o período de expansão do Polo Petroquímico do GABC houve uma alteração na governança das transações entre as empresas da primeira e da segunda geração, com as empresas de terceira geração passando de relações arbitradas pelo mercado para relacionais/cativas, ainda segundo a classificação de Gereffi *et al.* (2005). Com o aumento da concorrência no mercado doméstico de produtos petroquímicos em meados dos anos 1990, foi proposto pelas empresas da segunda geração a criação de uma central de vendas com o objetivo de fidelização das empresas da terceira geração.[21]

Posteriormente, a principal empresa do Polo Petroquímico do GABC tornou-se membro do comitê gestor do Programa APL Plásticos do GABC, bem como financiou parte das ações coletivas realizadas. Entretanto, ao final desse programa, a governança das transações entre as empresas da segunda e da terceira geração retornou ao mercado na figura das empresas distribuidoras de resinas plásticas que atendem indistintamente a outros mercados, além da região do GABC.

Dessa forma, restou às empresas de transformados plásticos do GABC pouco espaço para outras estratégias competitivas, além da baseada em preços. As empresas desse segmento do SLP petroquímico-plásticos do GABC encontram-se na mesma posição competitiva que a maior parte das empresas de transformados plásticos do Brasil; intercaladas entre poderosos oligopólios tanto a jusante da cadeia produtiva (indústria automobilística, indústria

21 Conforme depoimento de César Barlem, diretor industrial da PQU nesta época: "Era uma deliberação informal, que partiu do Conselho de Administração da Petroquímica União, porém, decisiva, pois o setor passava por um momento econômico instável, com queda dos produtos químicos e petroquímicos. Além disso, o formato cooperativo iria contribuir para estimular a superação das barreiras corporativas e integrar os interesses de empresas que tinham muito mais que a vizinhança física como afinidade. Elas possuíam interatividade produtiva. O processo começava na Petroquímica União, a central de matéria-prima, que distribuía os insumos para empresas satélites de segunda geração que, por sua vez, abasteciam as indústrias de terceira geração, fechando esta verdadeira roda econômica." (KLEIN, 2011) alimentícia, redes de comércio atacadista) quanto a montante (indústria petroquímica), e exercendo a função de quase-prestadoras de serviços industriais.[22]

No ramo petroquímico do SLP petroquímico-plástico do GABC, a governança das transações é estritamente hierárquica entre a empresa estatal Petrobrás (fornecedora de matérias-primas), a empresa de capital misto Braskem (fornecedora de petroquímicos básicos) e a empresa da segunda geração (fornecedores de resinas termoplásticas). São realizados contratos de fornecimento de longo prazo, e a distribuição dos produtos petroquímicos é feita por dutos que abrangem um raio de 20 quilômetros. Já o abastecimento da Braskem é feito a partir das Refinarias de Capuava (nafta) e de Paulínia (gás de refinaria) por meio de dutos que chegam a 70 quilômetros.

As atividades de inovação em processo e produtos do SLP petroquímico--plásticos do GABC ocorrem sistematicamente na empresa Braskem e nas empresas produtoras de resinas termoplásticas, seguindo estratégias internas a essas empresas que raramente incluem as empresas de transformados plásticos da região do GABC, as universidades e os centros de pesquisa locais. Nesse sentido, para Cassiolato (2005), as empresas da cadeia petroquímico-plásticos do GABC formam um "arranjo" e não um "sistema" inovativo e produtivo local, já que o processo de inovação ocorre de forma isolada e sem a participação de atores sociais relevantes. Ao mesmo tempo, na abordagem das aglomerações produtivas feita por Iammarino e McCann (2006), a referida cadeia produtiva possui as características de um *cluster* industrial, já que, entre outros aspectos, as atividades relacionadas a pesquisa e desenvolvimento de produtos e processos são realizadas internamente nas empresas líderes, com elevado grau de especialização e respeitando as burocracias hierárquicas.

Dessa forma, a definição das aglomerações produtivas como sistemas complexos torna-se uma solução de continuidade para a perspectiva de análise

22 O tipo de usuário final, por sua vez, implica diferentes relações entre clientes e produtores, possibilitando estratégias tecnológicas com base em diferentes vetores de capa- citações e competências. Do lado da demanda, têm-se as seguintes possibilidades: atingir os consumidores finais (*marketing*, marcas, diferenciação de produtos, *design*, redução de impactos ambientais e reciclagem) ou buscar consumidores finais (novas soluções, substituição de materiais com base nas propriedades vantajosas do plástico, prazos, economias de escala, economias de escopo, qualidade e conformidade, agregação de valor). (ABDI, 2009) sistêmica adotada aqui. Assim, considera-se que as propriedades do "sistema" SLP decorrem das interações locais entre seus elementos (atores sociais) e destes com o ambiente ao longo do processo permanente de auto-organização (sem governança externa), conferindo ao sistema possibilidade de duração em face dos eventos não determinísticos. Como visto anteriormente, desse processo surgem emergências organizacionais (formas de ações coletivas), de acordo com regras e padrões aprendidos e apreendidos (capital social) de interações anteriores (projetos concluídos), gerando comportamentos próprios (identidade regional).

Com relação às propriedades dos SLP associadas à sustentabilidade, particularmente, é possível supor que há um processo de auto-organização desencadeando formas próprias de ações coletivas voltadas para o aumento do capital produtivo, social e natural. Nesse sentido, o modelo de referência exposto anteriormente é utilizado para avaliar os fatores constitutivos e organizacionais do SLP petroquímico-plásticos GABC que atuam como catalisadores nesse processo. Tal modelo, de "2 estágios" de evolução dos SLP, foi apropriadamente transformado para conter variáveis de pesquisa apropriadas (Tabela A.3).

Apresentação dos resultados

A pesquisa de campo se divide em duas partes de natureza distinta. A primeira parte refere-se a entrevistas dirigidas a um painel de atores sociais da indústria de transformados plásticos do GABC (Tabela A.4), e a segunda, ao levantamento de informações sobre os atores sociais da indústria petroquímica da mesma região. Observa-se que, dessa forma, são utilizados dois subconjuntos de fontes de informações sobre a evolução do SLP petroquímico-plásticos do GABC.

Ator Social	Código	Atividade	Função
Empresa	A	Convertedor	Proprietário
Empresa	B	Consumdior industrial	Proprietário
Sindicato	C	Trabalhadores	Assessor
Faculdade	D	Ensino/pesquisa	Professor
Empresa	E	Transformador	Gerente
Empresa	F	Processador	Proprietário
Empresa	G	Consumdior industrial	Proprietário
Empresa	H	Transformador	Proprietário
Empresa	I	Transformador	Proprietário
Ag.Desenvolvimento	J	Serviços	Consultor
Empresa	K	Reciclador	Proprietário
Prefeitura	L	Setor Público	Secretário Municipal

Tabela A.3 Atores sociais, funções e atividades

Quanto à natureza desse trabalho de campo trata-se, na primeira parte, de abordagem qualitativa mediante a aplicação de um questionário semiestruturado (ver Anexo), e, na segunda, procedeu-se a um levantamento documental a partir das seguintes fontes: livros, *internet*, periódicos, documentos oficiais, relatórios técnicos, bem como a experiência profissional do autor desta pesquisa como membro da administração municipal de Santo André entre os anos de 2001 e 2007.

Código	Questões de pesquisa / variáveis	Respostas
A, B, C, E, F, I, J, K, L	Ações dos SLP voltadas para sustentabilidade	Programa de rastreabilidade; parceria público-privadas para reciclagem
J, K, L	Complexidade e resiliência	Observatório de situações de risco concorrencial; soluções novas e possíveis só para um grupo de empresas SLP; proteger a indústria nacional, fase 1 mostrou a força das ações coletivas; APL nasce na crise, cresce na recuperação e se estabiliza no crescimento
D, E, F, G, H, I, K, J	Responsabilidade socioambiental individual e/ou coletiva	Todos os envolvidos no projeto têm sua parcela de responsabilidade; agir coletivamente
K	Práticas empresariais com SGA e 4R entre outros	Mercado pós-consumo é prioridade, já que industrial já está tomado
E, G, F, H, J, K	Ações dos SLP relacionados com os princípios da Economia Ecológica e Ecologia Industrial	Cooperação para sustentabilidade, agir coletivamente buscando complementaridades e sinergias
B, D, G, I, H, J, K, L	Estratégias dos SLP em relação à sustentabilidade	Juntar concorrentes para solucionar problemas comuns traz vantagens; faz parte das estratégias da própria empresa; transferência de conhecimento da grande para a pequena empresa; ameaça da China como impulso ao APL; alavancar projetos de sustentabilidade; resgatar a imagem do GABC como elite de emprego e qualidade de produtos; nas fases 1 e 2 faltou foco, direcionamento dos trabalhos; legislação e custo são o que impulsionam as ações; pode-se discutir consultorias ambientais; para reciclar é necessário uma estrutura complexa e viável economicamente, as ações praticadas individualmente podem ser melhoradas por meio das melhores práticas
B, C, D, E, F, G, H, I, J	Indicadores de sustentabilidade dos SLP	Nível de reutilização dos resíduos plásticos coletados; indicador de desenvolvimento de produtos a partir destes resíduos; todos indicadores citados (nas "dicas" do questionário)
B, C, D, H, K, L	Estrutura de governança dos SLP para a sustentabilidade	Coletivamente e de forma tripartite; poder público, entidades de classe (empresários e trabalhadores), as próprias empresas e os "grandes players" do setor com a participação de entidades de apoio e governos; o APL é segmentado (embalagens, termoplásticos, termofixos, etc.) com interesses diferenciados; cooperação e competição ocorrem alternadamente, em áreas estratégicas dos negócios não há cooperação; os APL se organizam em função das necessidades e não em função da percepção dos atores

Tabela A.4 Respostas selecionadas da pesquisa de campo

Na primeira parte, portanto, busca-se verificar a percepção dos atores sociais em relação aos fatores constitutivos e organizacionais do SLP petroquímico-plásticos do GABC ao longo de sua evolução recente (Tabela A.4), segundo as variáveis do modelo de referência. Seguem os resultados, conforme indicado no Quadro A.2.

- Ações dos SLP relacionadas com os princípios da Economia Ecológica e Ecologia Industrial: 6 atores sociais mencionaram direta ou indiretamente tais ações. Desses, 2 respostas foram selecionadas pela forte aproximação com os princípios da EI e EE. Nas questões de múltipla escolha, destacam-se os itens "reciclagem e os 4R" e "utilização de subprodutos".

- Práticas empresariais como SGA, 4R, entre outras: Apenas o fabricante de matérias-primas recicladas apontou aspectos importantes da atividade de reciclagem, embora o item "reciclagem e os 4R", além ter sido o mais praticado, também aparece entre aqueles itens que mais será praticado nos próximos anos, conforme as respostas às questões de múltipla escolha.

- Ações dos SLP voltadas para a sustentabilidade: Entre os 8 atores que fizeram referências a tais ações, destaca-se o informante da ADE, que citou um tipo de "*early warning*" para o mercado de autopeças. Na maioria das respostas às questões de múltipla escolha, observa-se a presença de muitas atividades da economia circular por meio dos itens: "utilização de matéria-prima reciclada", "geração de subprodutos ou resíduos" e "seguir os preceitos da produção limpa".

- Estratégias dos SLP em relação à sustentabilidade: Muitas estratégias foram apontadas e até avaliadas ("faltou foco", "direcionamento dos trabalhos"). Tanto posturas reativa ("legislação e custo são o que impulsionam as ações") como proativa ("alavancar projetos de sustentabilidade"; "criar uma estrutura complexa e viável economicamente") foram observadas. Entre as ações voltadas para a sustentabilidade que mais devem ser praticadas nos próximos anos aparecem os itens "produção limpa", "reciclagem e os 4Rs" e "qualificação e empregabilidade do trabalho";

- Responsabilidade socioambiental individual e/ou coletiva: Embora a maioria dos atores sociais (8 do painel) tenha se manifestado em relação a este tema, somente o professor universitário foi mais objetivo ao afirmar que "todos os envolvidos no projeto têm sua parcela de responsabilidade". Nas diversas manifestações, o "agir coletivamente para o enfrentamento das questões relacionadas à sustentabilidade" foi muito citado.

- Estrutura de governança dos SLP para a sustentabilidade: As 6 respostas espontâneas obtidas referem-se à governança dos SLP em geral, e não especificamente ao tratamento da sustentabilidade. Entretanto, todas as respostas podem ser levadas em consideração, pois foi explicitado que o tema da entrevista era "APL Plásticos do GABC e sustentabilidade". A governança do SLP petroquímico-plástico do GABC, segundo os informantes, tem o caráter multipartite (atores sociais diversos), como está em referência na frase "as próprias empresas e os 'grandes *players*' do setor, com a participação de entidades de apoio e governos". Além disso, essa governança deve integrar diferentes interesses: de *timing*, de mercado (cooperação *versus* competição), de segmentação (embalagens, autopeças, peças para construção civil) e de estrutura empresarial (capacidade de produção e desenvolvimento tecnológico).

- Indicadores de sustentabilidade dos SLP: Grande parte das manifestações dos informantes foram favoráveis aos indicadores apontados nas "dicas" existentes no corpo do questionário. Destaca-se, entretanto, a menção a indicadores de reciclagem e reutilização específicos para materiais plásticos.

1º Estágio: conexões (*loops* nos processos produtivos e de consumo)	
Conexão	**Variáveis/respostas relacionadas**
Reciclagem de materiais e reaproveitamento energético	ações dos SLP relacionados com os princípios Economia Ecológica e Ecologia Industrial/ E, G, F, H, J, K práticas empresariais como SGA, 4R, entre outros/ K
Cooperação integração de processos produtivos	ações dos SLP voltadas para a sustentabilidade/ A, B, C, E, F, I, J, K, L

2º Estágio: *network* voltada para a simbiose industrial	
Ação coletiva	**Variáveis/respostas relacionadas**
Cooperação no desenvolvimento de produtos sustentáveis	- estratégias dos SLP em relação à sustentabilidade/ B, D, G, I, H, J, K, L
Adesão a uma respons. social comum	- responsabilidade socioambiental individual e/ou coletiva/ D, E, F, G, H, I, K, J - estrutura de governança dos SLP para a sustentabilidade/ B, C, D, H, K, L
Promoção do aprendizado interemp. e de conhecimento	- indicadores de sustentabilidade dos SLP/ B, C, D, E, F, G, H, I, J

Quadro A.2 Modelo de referência: respostas dos questionários

Já na segunda parte, o objetivo do levantamento documental é apontar emergências organizacionais ocorridas no bojo da evolução recente da SLP petroquímico-plásticos GABC e que estão indicadas no modelo de referência proposto como "conexões" ou "ação coletiva". Dessa forma, chegou-se a duas experiências que são descritas a seguir:

- Grupo de Sinergia (APOLO). Na publicação "A história do Polo Petroquímico do Grande ABC e da Apolo", Klein (2011) faz um relato detalhado, com base em depoimentos, publicações na forma de livros, periódicos, catálogos, teses e *sites*, dos principais momentos da história das empresas da primeira e da segunda geração do Polo Petroquímico do GABC. Entre esses momentos, três podem ser considerados críticos: o inicial, quando da criação da empresa Petroquímica União; o período da perda de competitividade de todas as empresas da primeira e da segunda geração, na segunda metade dos anos 1990; e a fase de expansão da capacidade produtiva dessas empresas, ao longo dos anos 2000 (ver Figura 3.7). Assim, em meio a uma crise da indústria petroquímica brasileira, em especial a do Grande ABC, surge o Grupo de

Sinergia, conforme descrito anteriormente. Neste ponto da tese, cumpre apontar que as ações coletivas implementadas por esse grupo de empresários alcançaram os seguintes resultados *triple bottom line:* redução de custos operacionais, expansão em 40% da capacidade de produção do Polo Petroquímico do GABC, construção de uma imagem positiva junto à sociedade civil do GABC, realização de atividades em conjunto com a comunidade local e superação de limitações ambientais em relação à atividade do setor petroquímico. Em 2004, o Grupo de Sinergia tornou-se a Apolo (Associação das Indústrias do Polo Petroquímico do Grande ABC) que, até sua dissolução em 2012, continuou realizando ações coletivas importantes, entre as quais destaca-se a coordenação de núcleos comunitários de defesa civil e da rede de coleta comunitária para reciclagem de óleo comestível.

- Programa APL plásticos do GABC, coordenado pela ADE e executados em duas fases ao longo dos anos 2000 como referência ações coletivas do setor. A primeira fase do APL Plásticos do GABC buscou a realização de diagnósticos sobre o perfil das empresas e o levantamento de suas deficiências enquanto, na segunda fase, um grupo de aproximadamente cinquenta empresas recebeu apoio financeiro e acesso a consultorias especializadas para difundir a cultura do cooperativismo e aumentar a competitividade do setor na região do GABC.

- Projeto Aquapolo. A questão do fornecimento de água para as empresas do Polo Petroquímico do GABC sempre foi estratégica, tanto do ponto de vista da própria atividade, que é intensiva nesse recurso, como pelo fato de que a região da Grande São Paulo, onde se situa o GABC, tem uma das maiores populações urbanas do mundo e, portanto, exerce uma elevada demanda sobre os recursos hídricos regionais. Assim, quando se iniciaram os estudos técnicos para determinar a viabilidade do aumento da capacidade de produção do Polo Petroquímico do GABC, foi proposta a construção de um aqueduto de 17 quilômetros, ligando os municípios de São Caetano do Sul e Mauá, para o transporte de água para uso industrial ou água de reúso (ver Anexo E). A realização desse projeto, batizado de Aquapolo, envolveu diretamente os atores sociais de três municípios do GABC, até que fosse concluído em 2012, por meio de parceria público-privada entre a empresa Braskem e a Sabesp.

Atualmente a água de reúso atende a toda a demanda do Polo Petroquímico do GABC e ainda é oferecida para empresas da região a um custo inferior ao da água potável. Ao deixar de consumir (e portanto disponibilizar) mil litros de água potável por segundo, as empresas e demais atores da região do Grande ABC, em especial aqueles da cadeia petroquímico-plásticos, alcançaram êxito em realizar ações conjuntas, voltadas para a obtenção de resultados positivos, nas três dimensões da sustentabilidade (econômica, social e ambiental).

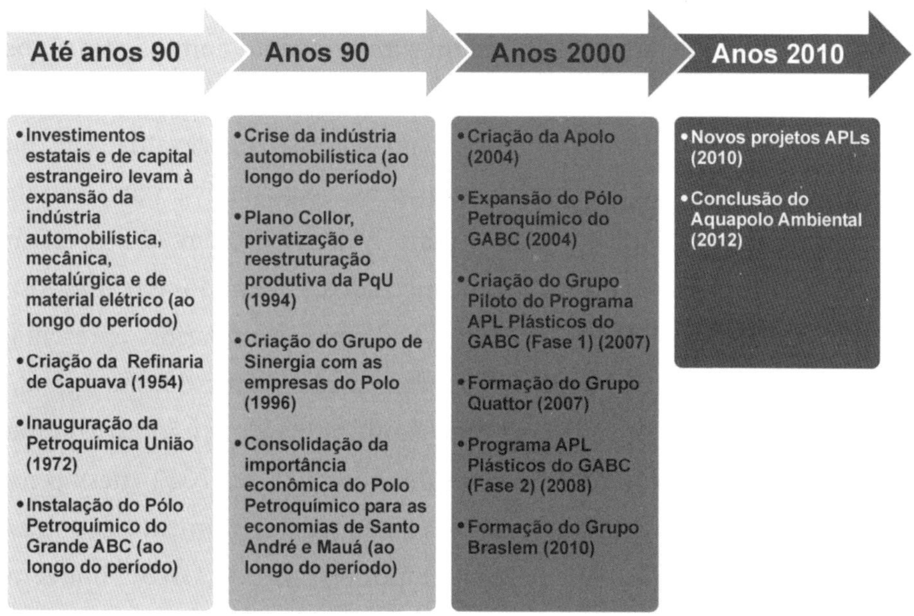

Figura A.3 Linha do tempo da evolução do SLP petroquímico-plástico do GABC.

Análise dos resultados e considerações finais

A evolução do SLP de petroquímico-plásticos do GABC ao longo das últimas décadas está relacionada, conforme apontam os resultados da pesquisa de campo mostrados, com medidas de política industrial (fase de emergência), crescimento econômico e economias de aglomeração (fase de consolidação), aumento da concorrência (fase de declínio), ações coletivas e inovação tecnológica (fase de recuperação) e novamente crescimento econômico (nova fase de consolidação). Observa-se duas fases de consolidação: a primeira ocorreu na década de 80, após a maturação dos investimentos públicos nas empresas da 1ª. e 2ª. geração da cadeia produtiva petroquímico-plásticos realizados ao longo da década anterior, e a segunda é a fase atual que se seguiu ao processo reestruturação produtiva dos anos 2000 (Figura A.3).

Os dados e informações apresentados mostram essas fases em que o SLP de petroquímico-plásticos do GABC evoluiu e passou pelos estágios 1 e 2 do modelo de referência, configurando-se uma expansão sistêmica em que o estabelecimento de conexões e a realização ações coletivas foram cruciais mas que, no cenário atual, se mantém mais em função dos resultados alcançados do que pela existência de atividades conjuntas relacionadas com os princípios da Ecologia Industrial e da Economia Ecológica. Os resultados da primeira parte da pesquisa de campo, desta forma, associam-se a esse cenário atual, em que os atores locais mostram-se dispostos a retomar as ações coletivas como estratégia para solucionar questões socioambientais comuns, porém são necessários ajustes na forma como os projetos são concebidos, elaborados e realizados.

Segundo, as informações e os dados secundários apresentados anteriormente, a indústria brasileira de transformados plásticos em geral, e a do GABC em particular, mostram uma significativa expansão no volume de produção e investimentos desde meados dos anos 2000 até 2012, mesmo com a forte concorrência dos produtos chineses e pequeno crescimento da indústria brasileira como um todo. Ao mesmo tempo, no caso do GABC houve uma forte concentração de capital das empresas que fazem parte dos elos iniciais da cadeia produtiva petroquímico-plásticos de tal modo que uma única empresa absorveu a quase totalidade das plantas produtivas do Polo Petroquímico do GABC. Este desempenho contribuiu para a desmobilização de ações coletivas dos atores sociais do GABC, incluindo aquelas voltadas para o desenvolvimento sustentável, que não fizeram parte das fases 1 e 2 do Programa APL Plásticos.

Do exposto, observa-se que as respostas dos informantes têm natureza propositiva no que se refere a ações coletivas e governança, pois as ações voltadas para a sustentabilidade ocorrem, no cenário atual, exclusivamente a partir de iniciativas individuais. Assim, por exemplo, a reciclagem de resíduos industriais é praticada por todas as empresas, embora o volume de resíduos reciclados de pós-consumo seja baixo, pois há necessidade de se estruturar um sistema de logística reversa e de administração da atividades de reciclagem que exigem iniciativas de ações coletivas e governança apropriadas. Essa governança, conforme apontado por grande parte dos informantes, deve levar em conta: os diferentes horizontes de prazo dos atores sociais em relação aos resultados (*timing*); as estratégias de mercado (cooperação *versus* competição), as características de segmentação de mercado (embalagens, autopeças, peças para construção civil) e estrutura empresarial (liderança de capacidade de produção e de inovação tecnológica).

Já na segunda parte da pesquisa de campo, destacam-se dois programas realizados pelo SLP petroquímico-plásticos do GABC na fase de recuperação de sua trajetória evolutiva, em que são observadas tanto a intensificação de conexões entre as atividades produtivas como a realização de ações coletivas do modelo de referência. O programa Aquapolo, nesse sentido, pode ser considerado como resultado de uma das ações coletivas empreendidas pelo Grupo de Sinergia e que estão relacionadas com os princípios da Economia Ecológica e da Ecologia industrial. O Aquapolo, desta forma, pode ser avaliado pelas variáveis do segundo estágio do modelo de referência. A estratégia empreendida neste caso está voltada para a sustentabilidade nas dimensões social, econômica e ambiental; a responsabilidade socioambiental é observada tanto durante a realização das obras como por meio de intervenções na comunidade (creches, hospitais, educação ambiental), e os resultados são apresentados na forma de indicadores de sustentabilidade, especialmente o volume de água potável economizado.

De outra perspectiva, a expansão da capacidade produtiva do Polo Petroquímico do GABC gerou renda e emprego local e ao mesmo tempo reduziu a emissão de poluentes, conforme legislação modificada após atuação do Grupo de Sinergia. Tais ações, entre outras, mostram o envolvimento da totalidade dos atores sociais, inclusive dos transformadores de plásticos, em ações coletivas voltadas para a sustentabilidade. Neste sentido, o SLP de petroquímico-plásticos do GABC apresentou nesta fase tanto as conexões do 1º. estágio do modelo de referência (atividade relacionadas aos *loops* nos processos produtivos e de consumo) quanto as ações coletivas do 2º. estágio (*network* voltada para a simbiose industrial).

Entretanto, no cenário atual, esse capital social acumulado na forma de ações coletivas mostra-se disperso, uma vez que as empresas e demais atores sociais realizam diversas atividades relacionadas à economia circular, entre as quais estão a reciclagem e a utilização de subproduto nos processos produtivos ,porém se mostram descontentes com os resultados. Há uma predominância do comportamento reativo em relação às práticas socioambientais, embora alguns atores sociais tenham a percepção de que os "negócios" da sustentabilidade podem ser promissores desde que haja incentivo, organização e investimentos por parte do setor público. Essa postura mostra que as ações são individualizadas e não há resultados importantes porque todos atuam com a pressuposição de que o outro ator (no caso o governo) deve estar fazendo a sua parte, mas não se define qual tipo de ação é esperada. Ou seja, não há cooperação nem estrutura organizacional para a realização de ações conjuntas voltadas para o desenvolvimento sustentável, conforme está apontado pelo modelo de referência.

GLOSSÁRIO

Arranjo Produtivo Local (APL) - Aglomeração produtiva ou de empresas de um determinado setor em uma mesma região geográfica, em geral um mesmo município ou grupo de municípios. Exemplos: APL de Calçados em Franca/SP, APL de Cerâmica Vermelha de Santa Gertrudes/SP, APL de Vinhos na Serra Gaúcha/RS e de APL Roupas Íntimas de Nova Friburgo/RJ.

Polos Industriais - Aglomeração produtiva ou de empresas de um ou mais setores, que formam cadeias produtivas inteiras ou partes principais, com produção em grande escala, em uma mesma região geográfica. Exemplos: Polo Petroquímico de Camaçari/BA e Polo Automotivo do Grande ABC Paulista.

Condomínio Industrial – Associação entre empresas, em geral de setores diferentes, que operam em um imóvel especialmente constituído para compartilhar custos operacionais e indiretos de transportes, segurança e manutenção além de se beneficiarem de incentivos fiscais.

Clusters – Termo em inglês mais utilizado na literatura internacional que equivale ao conceito de APL. Há diversos casos clássicos, como o da indústria cinematográfica de Hollywood e do entretenimento da Disney, ambas nos Estados Unidos da América. Muitas regiões utilizam os termos "capital nacional/mundial do" para atraírem consumidores, como é o caso da produção de perfumes em certas regiões da França e de relógios na Suíça.

Sistema Local de Produção (SLP) – Conjunto de atores sociais de um APL e de seu entorno que participam direta ou indiretamente nas atividades produtivas realizadas e nos resultados econômicos, sociais e ambientais alcançados. Tratam-se de fornecedores qualificados, prestadores de serviços especializados, órgão públicos, instituições de ensino entre outros que orbitam em torno dos produtores principais, agregando valor e gerando eficiência coletiva por meio de ações de mercado ou cooperadas.

Box 1. **Ecoeficiência**

A lógica predominante na abordagem da ecoeficiência traduz-se pela ideia de se conceber e projetar o produto do berço ao berço, em que se produz, utiliza-se, reutiliza-se o produto em ciclo contínuo, com o mínimo de perda possível de material e energia. É um esforço que vai da concepção do produto à sua utilização e reinserção no sistema produção-consumo. Embora tais práticas empresariais voltadas para ecoeficiência estejam de fato alinhadas ao desenvolvimento sustentável, diversos autores (BINSWANGER, 2001; ROMEIRO, 2010) apontam importantes restrições do ponto de vista sistêmico ao alcance de seus efeitos, como a incapacidade de as inovações tecnológicas substituírem indefinidamente os recursos naturais – sustentabilidade fraca – e os efeitos indiretos – aumento do consumo – causados pelo aumento da produtividade de um determinado insumo – *rebound effect*.

Box 2. **Análise do Ciclo de Vida (do Produto)**

Entende-se por impacto ambiental qualquer modificação no meio ambiente, adversa ou benéfica, que resulte, no todo ou em parte, das atividades, produtos ou serviços de uma organização. Neste sentido, a Avaliação do Ciclo de Vida (ACV) é a única ferramenta da Gestão Ambiental que permite a avaliação integral dos impactos ambientais associados aos produtos (CHEHEBE, 1998; SILVA; KULAY, 2006). O ACV avalia o desempenho ambiental dos produtos ao longo de todo o seu ciclo de vida, desde a obtenção dos recursos naturais (berço) ao descarte final (túmulo) ou a reinserção dos recursos (berço novamente). Trata-se, de fato, de uma ferramenta de apoio à tomada de decisões, pois gera informações, mas não resolve problemas. O ACV também avalia os impactos associados à função do produto e compara desempenho ambiental de produtos que exercem a mesma função. O método básico do ACV se dá em duas fases: uma delas é identificar todas as interações entre o meio ambiente e o sistema do ciclo de vida do produto; a outra é avaliar os possíveis impactos ambientais devidos às interações do produto com o meio ambiente. Para ajudar nesse trabalho, existem bancos de dados, que são um inventário de ciclo de vida de elementos comuns à produção de muitos produtos, como: energia, transporte e água. Esses bancos de dados têm caráter regional, pois o impacto ambiental depende de cada ambiente, de cada região. Por exemplo, o impacto ambiental do uso de 1 kWh no Brasil é diferente do que na França.

Box 3. **Análise Social do Ciclo de Vida do Produto**

Trata-se da versão da análise do ciclo de vida do produto relacionada com os impactos sociais das atividades associadas aos sistemas de produção--consumo (UNEP, 2012). Neste sentido, são avaliados os aspectos sociais e socioeconômicos de todas as fases das cadeias produtivas bem como do consumo, reciclagem e disposição final dos resíduos. Não se trata de um conjunto de diretrizes a serem adotadas pelas empresas, mas sim de uma base de informações e de indicadores que podem ser utilizados em processos de alta complexidade, como os de tomada de decisões, de negociações entre atores sociais e de elaboração de programas governamentais. Assim, o grupo de trabalho da Organização das Nações Unidas responsável pela elaboração desta técnica - UNEP/SETAC - ressalva que a análise social do ciclo de vida não deve ser utilizada isoladamente, mas em conjunto com outros indicadores relacionados com o desenvolvimento sustentável. Ao mesmo tempo, considerações éticas sobre a utilidade e o uso dos produtos em si devem ser levadas em conta, mesmo se os impactos sociais e socioeconômicos sejam positivos.

Box 4. **Produção Mais Limpa**

Das campanhas ambientalistas da Greenpeace na década de 1980, surgiu a expressão Produção Mais Limpa, e ganhou força com o Programa Cleaner Production do PNUMA (Programa das Nações Unidas para o Meio Ambiente). Produção Mais Limpa é mais abrangente que a ideia dos 3R (reduzir, reusar e reciclar). Sua filosofia consiste na substituição do modelo *end-of-pipe* (controle, contenção e tratamento no interior da fábrica) por conceitos, estratégias e procedimentos que levam em conta a prevenção dos impactos à saúde e ao ambiente, do berço ao túmulo, ou seja, matéria-prima e suas fontes naturais, processos industriais, uso ou consumo de produtos, destinação e tratamento de resíduos, produto e suas embalagens (FURTADO, 2003).

Box 5. **Logística reversa**

Trata-se de "um segmento especializado da logística que foca o movimento e gerenciamento de produtos e materiais após a venda e após a entrega ao consumidor. Inclui produtos retornados para reparo e/ou reembolso financeiro. Portanto, partindo do elo final da cadeia produtiva na sua abordagem tradicional, ou seja, do cliente, esta visão inverte o fluxo dos materiais, passando pela seleção dos componentes de um produto acabado após sua utilização por parte do consumidor final e envolve todas as etapas do processo produtivo, desde as suas etapas finais até as iniciais, de uma forma invertida da tradicional (expedição, embalagem, acabamento, fabricação). Tal abordagem tem por objetivo maior aplicar o princípio dos 4R (reduzir, reutilizar, reciclar e remanufaturar) na perspectiva de recuperar ao máximo os componentes, peças e materiais utilizados na produção dos produtos, minimizando, desta forma, o volume do descarte e

Box 6. **Ecodesign**

O modelo de gestão das cadeias de suprimentos com ciclos fechados - CSCF - tem estrutura semelhante ao sistema de produção-consumo da economia circular mencionado (BEAMAN, 1999; SEURING; MÜLLER, 2008). Para Atasu et al. (2008), o CSCF pode ser definido como "o design, controle e operação de um sistema que maximiza a criação de valor ao longo do ciclo de vida do produto a partir da recuperação dinâmica de diferentes tipos e volumes de produtos retornados em diversas fases de tempo". Portanto, especial atenção deve ser atribuída ao ecodesign (TISCHNER; CHARTER, 2001; STHAEL, 2001) ou fase de desenvolvimento do produto na medida em que muitos critérios devem ser observados, entre os quais se incluem a resistência ao uso e a facilidade para identificação, manipulação e separação (LEWIS et al., 2001). Thierry et al. (1995), analisando o caso da linha de copiadoras da Xerox Co., as quais foram projetadas para a remanufatura, concluíram que este tipo de produto envolve todos os departamentos daquela companhia e, portanto, requer um modelo de gestão específico.

Box 7. **Sistemas de Gestão Ambiental (SGA)**

SGA podem ser definidos como ferramentas de identificação de problemas e soluções ambientais baseadas no conceito de melhoria contínua. Consistem basicamente em políticas, processos e protocolos de auditoria para operações que geram desperdício de materiais ou emissões de poluentes. O propósito dos sistemas de gestão ambiental pode ser sintetizado como uma possibilidade de desenvolver, implementar, organizar, coordenar e monitorar as atividades organizacionais relacionadas ao meio ambiente visando à conformidade e redução de resíduos. Além de contribuir com a responsabilidade social e com o cumprimento da legislação, estes sistemas possibilitam identificar oportunidades de redução do uso de materiais e energia e melhorar a eficiência dos processos. SGA objetivam dotar as empresas de instrumentos que permitam reduzir os danos ao meio ambiente, mas de modo que seus benefícios excedam aos custos de sua implantação. O sistema de gestão ambiental com base na norma ISO 14001 tem como objetivo prover as organizações de elementos de um SGA eficaz que possam ser integrados a outros requisitos da gestão e auxiliá-las a alcançar seus objetivos ambientais e econômicos. A sua finalidade geral é equilibrar a proteção ambiental e a prevenção de poluição com as necessidades socioeconômicas. É a uniformização das rotinas e dos procedimentos necessários para uma organização certificar-se ambientalmente, cumprindo um roteiro padrão de exigências válido internacionalmente. Esta norma não substitui a legislação local vigente, mas a reforça ao exigir o seu cumprimento integral para que seja concedida a certificação (OLIVEIRA; PINHEIRO, 2010; DARNALL et al., 2008).

REFERÊNCIAS

AGÊNCIA DE DESENVOLVIMENTO ECONOMICO DO GABC - ADE A atividade econômica no Grande ABC. **Cadernos de Pesquisa**, no. 1. Santo André, 1999.

AGÊNCIA DE DESENVOLVIMENTO ECONÔMICO DO GABC – ADE **Documento**: SEMINÁRIO DAS CONFIGURAÇÕES PRODUTIVAS DA REGIÃO DO GRANDE ABC PAULISTA. Santo André, 2003.

AMATO NETO, J. **Gestão de Sistemas Locais de Produção e Inovação**: Um Modelo de Referência. São Paulo: Ed. Atlas, 2009.

AMATO NETO, J. Gestão Sustentável da Cadeia de Suprimentos (Green Supply Chain Management): princípios e aplicações. In: ______(Org.), **Sustentabilidade e Produção**. São Paulo: Atlas, 2011.

ANDRIANI, P. et al. **Challenging Clusters – The Prospects and Pitfalls of Clustering for Innovation and Economic Development**. Summary Report from AIM MANAGEMENT RESEARCH FORUM/WELSH ECONOMY RESEARCH UNIT/ADVANCED INSTITUTE OF MANAGEMENT RESEARCH, June, 2005.

ASSOCIAÇÃO BRASILEIRA DE DESENVOLVIMENTO INDUSTRIAL – ABDI **Caracterização da Cadeia Petroquímica e da Transformação do Plástico**, 2009. Disponível em: www.abdi.gov.br. Acesso em 20/12/2013.

ATASU, A.; GUIDE, V. D. R. JR.; VAN WASSENHOVE, L. N. Product Reuse Economics in Closed-Loop Supply Chain Research. **Production and Operation Management Society**, v. 17, n. 5, p. 483-496, 2008.

AYRES, R. U.; KNEESE, A. V. Production, Consumption, and Externalities. **American Review**, v. 59, p. 282-297, 1969.

AYRES, R.U; AYRES, L.W. **A Handbook of industrial ecology**. Cheltenham (UK): Edward Elgar, 2002.

BARCELLOS, F. C.; CARVALHO, P. G. M.; DE CARLO, S. **Contabilizando a sustentabilidade**: principais abordagens. Texto para Discussão. Rio de Janeiro: IBGE/Coordenação de Estatísticas Econômicas e Classificações/ Diretoria de Pesquisas, v. 1, n. 36, 2010.

BARROS, M. C. L.; AMATO NETO, J. (2011). **A study on sustainability common topics in operations management and industrial ecology publication**. In: EUROPEAN OPERATIONS MANAGEMENT ASSOCIATION (EurOMA) CONFERENCE, 18a. Cambridge. Proceedings: Operations strategy and performance. Cambridge: University of Cambridge, p. 01-10.

BEAMON, B.M. Designing the Green Supply Chain. **Logistics Information Management**, v. 12, n. 4, p. 332-342, 1999.

BELUSSI, F. On the theory of spatial clustering: the emergence of various forms of agglomeration. In: BELUSSI, F.; SAMARRA, A. (Eds.). **Industrial districts, recolocations and the global value chain**. Gráfica di Copertina: Carlo Fumian, 2005.

BERTALANFFY, L. V. **Teoria Geral dos Sistemas**. 3. ed. Petrópolis: Vozes, 1977.

BILLEN, G. et al **L'ecosysteme Belgique d'ecologie Industrielle**. Brussels, Belgium: Centre de Recherche et d'Informatio Socio-Politiques, 1983.

BINSWANGER, M. Technological progress and sustainable development: what about the rebound effect? **Ecological Economics**, v. 36, p. 119-132, 2001.

BOULDING, K. E. The economics of the coming spaceship Earth. In: JARRET, H. (Ed.) **Environmental Quality in a Growing Economy**. Baltimore, MD: Resource for the Future/Johns Hopkins University Press, 1968.

CÂMARA DO ABC **Documento**: PLANEJAMENTO ESTRATÉGICO REGIONAL. Santo André: Consórcio Intermunicipal do Grande ABC, 1999.

CASSIOLATO, J.E.; LASTRES, H.M.M.; ARROIO, A. Sistemas de inovação e desenvolvimento: mitos e realidade da economia do conhecimento global. In:_____. (Orgs.) **Conhecimento, sistemas de inovação e desenvolvimento**. Rio de Janeiro: Editora UFRJ/Contraponto, 2005.

CECHIN, A, VEIGA, J.E. O fundamento central da Economia Ecológica. In: MAY, P. (Org.) **Economia do Meio-Ambiente: teoria e prática**, 2ª. ed, RJ: Elsevier/Campos, p. 38-48, 2010.

CHECKLAND, P. **System thinking, system practice: include 30 years retrospective**. England: John Wiley & Sons, 2002.

CHEHEBE, J. R**. Análise do Ciclo de Vida dos Produtos: ferramental gerencial da ISO 14.000**. Rio de Janeiro: Ed. Qualitymark, 1998.

CHERTOW, M.R. Uncovering Industrial Symbiosis, **Journal of Industrial Ecology**, v. 11, no. 1, p. 11-13, 2007.

COHEN-ROSENTHAL, E. What is eco-industrial development? In: COHEN-ROSENTHAL, E.; J. MUSNIKOW (Eds.) **Eco-industrial Strategies: Unleashing Synergy Between Economic Development and the Environment**, Sheffield: Greenleaf Publishing, p. 14-29, 2003.

DALY, H.E.; FARLEY, J. **Ecological Economics: Principles and Applications**. Connecticut: Island Press, 2004.

DARNALL, N.; JOLLEY; G.J.; HANDFIELD, R. Environmental

Management Systems and Green Supply Chain Management: Complements for Sustainability. **Business Strategy and Environment,** v. 17, no. 1, p. 30-45, 2008.

DIÁRIO DO GRANDE ABC, DGABC, PQU vai investir R$ 1,15 bi. **Caderno de Economia**, 22/02/2007.

EHRENFELD, J. Industrial ecology: a new field or only a metaphor? **Journal of Cleaner Production,** v.12, p. 825-831, 2004.

ELKINGTON, J. Cannibals with Forks: The Triple Bottom Line of 21st Century Business, Oxford: Capstone Publishing, 1997.

ERKMAN, S. Industrial Ecology: a historical view. **Journal of Cleaner Production**, v. 5, ns.1-2, p.1-10, 1997.

FROSCH, R. A.; GALLOPOULOS, N. E. Strategies for Manufacturing, **Scientific American,** v. 261, n.3, pp. 94-102, 1989.

FURTADO, J.S. **Gestão com responsabilidade socioambiental: ferramentas e tecnologias,** 2003. Disponível em <http//: www.teclim.ufba.br/jsfurtado>. Capturado em: fev de 2010.

GEORGESCU-ROEGEN, N. Energy and Economics Myths. **Southern Economic Journal**, v. 41, n.3, p. 347-381, 1975.

GEREFFI, G; HUMPHREY, J.; STURGEON, T. The governance of global value chains. **Review of International Political Economy**, v. 12, p. 78-104, 2005.

GERTLER, N. **Industrial Ecosystems: Developing Sustainable Industrial Structures.** MS thesis, Technology and Policy Program, Massachusetts Institute of Technology, Cambridge, MA, 1995.

GRAEDEL, T.E; LIFSET, R. Industrial ecology: goals and definition. In:

Ayres, R.U and Ayres, L.W, editors. **A Handbook of industrial ecology**, Cheltenham (UK), Edward Elgar, 2002.

HUMPHREY, J. Opportunities for SME's in developing countries to upgrade in a global economy. Working paper n. 43, Geneva: **International Labour Office**, 2003.

HUMPHREY, J.; SCHMITZ, H. Trust and Interfirm Relations in Developing and Transition Economies. **Journal of Development Studies**, v.34, n.4, p. 32-61, 1998.

IAMMARINO, S.; MCCANN, P. The structure and evolution of industrial clusters: transactions, technology and knowledge spillovers, **Research Policy**, v.35, no.7, p. 1018-1036, 2006.

INTERNATIONAL UNION FOR CONSERVATION OF NATURE AND NATURAL RESOURCES - IUCN-UNEP. **World Conservation Strategy: Living Resource Conservation for Sustainable Development**. Gland, Switzerland, 1980. Disponível em: http://data.iucn.org/dbtw-wpd/edocs/WCS-004.pdf, acesso em 10 de dezembro de 2012.

JACOBS, M. **The Green Economy: Environment, Sustainable Development and the Politics of the Future**. New York: Pluto Press,1993.

KLEIN, M.C.A. **A História do Pólo Petroquímico do Grande ABC e da APOLO**, Santo André, SP: Clube Editorial, 2011.

KLINK, J.J. Os territórios da inovação. Retomando o debate (normativo) sobre a experiência do ABC paulista (São Paulo). **Revista Contemporânea**, n. 9, 2012.

KORHONEN, J. Industrial Ecology in strategic sustainable development model: strategic application of industrial ecology. **Journal of Cleaner Production,** v. 12, p. 809-823, 2004.

KRUGMAN, P. **Geography and Trade**. Cambridge, MA: MIT Press, 1991.

LACERDA, L. Logística Reversa: uma visão sobre os conceitos básicos e as práticas operacionais. Rio de Janeiro: Centro de Estudos em Logística/ COPPEAD, 2003.

LAZARETTI, L.; SEDITA, R. S.; CALLOFI, A. Founders and disseminators of cluster research. **Journal of Economic Geography**, v.14, p. 21-43, 2014.

LEWIS, H., GERTZSAKIS, J.; GRANT, T.; MORELLI, N.; SWEATMAN, A. **Design + Environment: A Global Guide to Designing Greener Goods**. Sheffield: Greenleaf Publishing, 2001.

LOWE, E. A. Creating byproduct resource exchanges: Strategies for eco-industrial parks, **Journal of Cleaner Production**, v.5, ns.1-2, p. 57-65, 1997.

MALONE, T.F; YONE G.W. Knowledge partnerships for a sustainable, equitable and stable society. **Journal of Knowledge Management**, v.6, no.4, p. 368-378, 2002.

MARSHALL, A. **Princípios de Economia**. São Paulo: Nova Cultural, 1996.

MATTEO, M.; TAPPIA, J. R. B. A reestruturação da indústria paulista e o ABC, In: **Economia regional e negociações coletivas no ABC paulista**. Cadernos de Pesquisas CEBRAP, no. 8, 2003.

MEADOWS, D. **The Limits to Growth: A Report for the Club of Rome's Project on the Predicament of Mankind**. New York: Universe Books, 1972.

MORIN, E (coord.) **O problema PIEstemológico da complexidade**. Portugal: Europa- América, 1996b.

OLIVEIRA, O.J.; PINHEIRO, C.R.M.S. Implantação de sistemas de gestão ambiental ISO 14001: uma contribuição da área de estão de pessoas, **Gestão & Produção, São Carlos**, v.17, n.1, p.51-61, 2010.

ORGANIZAÇÃO DAS NAÇÕES UNIDAS - ONU **Agenda 21** Global: Brasília, Ministério do Meio Ambiente, 1992.

PERRINGS, C. (2008). **Ecological Economics**. London: Sage Library of Economics, v. 1, 2008.

PORTER, M. E. Clusters and the new economics of competition. **Harvard Business Review**, v. 76, n. 6, p. 77-90, 1998.

PORTER, M.; LINDE, C.V **Green and Competitive: ending the stalemate.** Harvard Business Review, Sep-Oct, 1995.

POSCH, A. Industrial Recycling Networks as Starting Points for Broader Sustainability- Oriented Cooperation. **Journal of Industrial Ecology**, v. 14, n. 2 2010.

PREFEITURA MUNICIPAL DE SANTO ANDRÉ – PMSA. **Boletim do Observatório Econômico**, no. 13, 2006.

PUGA, D. The magnitude and causes os agglomeration economies, **Journal of Regional Science's 50th Anniversary Symposium,** 2010.

ROMEIRO, A. R. Economia ou Economia Política da Sustentabilidade. in May, P (org.) **Economia do Meio Ambiente: teoria e prática**, 2ª. Ed, RJ: Elsevier/Campus, 2010.

SACHS, I. **Estratégias de transição para o século XXI**. São Paulo: Studio Nobel/Fundap, 1993.

SELIGER, G.; KERNIBAUM, S.; ZETTI, M. Remanufacturing Approaches Contributing to Sustainable Engineering, **Revista Gestão e Produção**, v.13, no.3, p. 367-384, 2006.

SERVA, M. O Paradigma da Complexidade e a Análise Organizacional, **Revista de Administração de Empresas**, FGV, v.32, no. 2, p. 26-35, 1992.

SEURING, S. A.; MÜLLER, M. B. From a literature review to a conceptual framework for sustainable supply chain management. **Journal of Cleaner Production**, vol. 16, n. 15, p. 1699-1710, 2008.

SILVA, G. A.; KULAY, L. A. Avaliação do ciclo de vida. In: VILELA JÚNIOR, A.; DEMAJOROVIC, J. (Orgs.). **Modelos e ferramentas de gestão ambiental: desafios e perspectivas para as organizações**. São Paulo: Senac, p. 313-336, v. 1, 2006.

SKERLOS, S. J.; ZETTL, M.; BASDERE, B.; SELIGER, G. Collaborative Development of Sustainable Strategies for the Reuse of Mobile Phones in a Global Educational Environment. In: **Proceedings of the Global Conference on Sustainable Product Design and Life Cycle Engineering**, September 29 – October 1, Berlin 2004.

SPANGENBERG, J. H. (2001) Sustainable development: from catchwords to benchmarks and operational concepts. In: TISCHNER, U. and CHARTER, M. (Ed.) **Sustainable Solutions: Developing Products and Services for the Future**. UK: Greenleaf Publishing, 2001.

STAHEL, W.R. Sustainability and Services. In: TISCHNER, U.; CHARTER, M. (Eds.) **Sustainable Solutions: Developing Products and Services for the Future**. Sheffield: Greenleaf Publishing, p. 151-164, 2001.

THIERRY, M.; SALOMON, M.; NUNEN, J.V.; WASSENHOVE, L.C. Strategic Issues in Product Recovery Management, **California Management Review**, v. 37, no. 37, p. 114-135, 1995.

TIBBS, H. **Industrial Ecology: An Environmental Agenda for Industry**. Emeryville, CA: Global Business Network, 1993.

TISCHNER, U.; CHARTER, M. Sustainable product design. In: TISCHNER, U.; CHARTER, M. (Eds.) **Sustainable Solutions: Developing Products and Services for the Future**. Sheffield: Greenleaf Publishing, 2001.

TORRES, E.M.M. **A evolução da indústria petroquímica brasileira**. Quimíca Nova, n. 20, edição especial, p. 49-54, 1997.

UNEP. Guidelines for Social Life Cycle Assessment of Products. **UNEP/ SETAC Life Cycle Initiative at UNEP, CIRAIG, FAQDD and the Belgium Federal Public Planning Service**. Publicação 2009. Disponível em: <http:// lcinitiative.unep.fr/>. Acesso em: 08 fev. 2012.

UNITED NATIONS - UN **Report of the World Commission on Environment and Development: Our Common Future**, 1987. Disponível em http://www. un-documents.net/wced-ocf.htm. Acesso em 10/01/2012.

VACHON, S.; KLASSEN, R. D. Environmental management and manufacturing performance: The role of collaboration in the supply chain. **International Journal of Production Economics**, v. 111, n. 2, pp. 299-315, feb-2008.

VINHA, V. As Empresas e o Desenvolvimento Sustentável: a trajetória da construção de uma convenção. In: MAY, P. (Org.), **Economia do Meio Ambiente: teoria e prática**, 2ª. ed, RJ: Elsevier/Campos, p. 181-203, 2010.

WATANABE, C., Ecology and application of its concept to industrial policy, **MITI Journal**, v. 5, n.2, p. 63-88,1972.

World Business Council for Sustainable Devolopment – WBCSD **Vision 2050: the new agenda for business**, 2010. Disponível em http://www.wbcsd.org. Acesso em 28/02/2014.

WORLD ECONOMIC FORUM - WEF **Documento**: Towards the Circular Economy: Accelerating the Scale-up across the global supply chain. Davos, 2014. Disponível em www3.weforum .org/docs/WEF_ENV_ TowardsCircularEconomy_Report_2014.pdf. Acesso em 01/05/2014.

ZACARELLI, S. B. et al. **Clusters e redes de negócios: uma nova visão para a gestão dos negócios.** São Paulo, Atlas, 2008.

ANEXO – Questionário

Nome da empresa*
Endereço*
Tel., e-mail, site*
Pessoal ocupado
Processo produtivo
Nome do informante*

A. CONCEITOS INICIAIS

1. O que é o arranjo produtivo do setor de transformados plásticos Grande ABC paulista?
2. Quais os atores sociais que compõem este APL?
3. Quais são as entidades de apoio?
4. Qual a importância do APL para o desenvolvimento sustentável do Grande ABC?

B. CONTEXTO

(O objetivo deste capítulo é levantar as causas da construção do APL e as vantagens competitivas oferecidas para as empresas do GABC.)

1. Qual o grau de contribuição de cada fator para a formação do APL?

	Muito alto	Alto	Média	Baixa	Muito baixa
Crise da indústria automobilística	☐	☐	☐	☐	☐
Presença do Polo Petroquímico	☐	☐	☐	☐	☐
Concentração de empresas transformadoras de plástico	☐	☐	☐	☐	☐
Incentivos governamentais	☐	☐	☐	☐	☐
Necessidade de modernização tecnológica	☐	☐	☐	☐	☐

	Muito alto	Alto	Média	Baixa	Muito baixa
Disseminação da teoria dos APL	☐	☐	☐	☐	☐
Concorrência no mercado de plásticos	☐	☐	☐	☐	☐

2. A Região do GABC oferece ao APL:*

	Totalmente	Grande parte	Em parte	Pouco	Muito pouco
Localização estratégica	☐	☐	☐	☐	☐
Recursos naturais (matéria-prima, água e fontes de energia)	☐	☐	☐	☐	☐
Tratamento adequado do lixo, resíduos e da poluição	☐	☐	☐	☐	☐
Terrenos para plantas industriais	☐	☐	☐	☐	☐
Infraestrutura urbana	☐	☐	☐	☐	☐
Mão de obra qualificada	☐	☐	☐	☐	☐
Incentivos fiscais	☐	☐	☐	☐	☐
Condições climáticas e ambientais equilibradas	☐	☐	☐	☐	☐
Centros/serviços tecnológicos	☐	☐	☐	☐	☐
Mercado consumidor	☐	☐	☐	☐	☐
Fornecedores	☐	☐	☐	☐	☐

C. DIAGNÓSTICO DA ESTRUTURA ATUAL DO APL

(Questões exclusivas para as empresas. Busca-se aqui apontar as características dos recursos humanos, processos e produtos. Além disso, procura-se identificar as principais ações voltadas para o aumento da competitividade e sustentabilidade.)

1. O trabalhador do chão de fábrica, em média, tem:

	Alta	Média	Baixa	Nenhuma
Qualificação técnica	☐	☐	☐	☐

	Alta	Média	Baixa	Nenhuma
Grau de escolaridade	☐	☐	☐	☐
Remuneração	☐	☐	☐	☐
Educação ambiental	☐	☐	☐	☐
Atividades de gestão ambiental	☐	☐	☐	☐

2. O trabalhador ligado à gestão e administração da produção, em média, tem:

	Alta	Média	Baixa	Nenhuma
Qualificação profissional	☐	☐	☐	☐
Grau de escolaridade	☐	☐	☐	☐
Remuneração	☐	☐	☐	☐
Educação ambiental	☐	☐	☐	☐
Atividade de gestão ambiental	☐	☐	☐	☐

3. Os principais produtos produzidos têm: (Características dos produtos responsáveis por mais de 50% da receita bruta)

	Alta	Média	Baixa	Nenhuma
Valor agregado	☐	☐	☐	☐
Relação preço/custo	☐	☐	☐	☐
Incidência de impostos	☐	☐	☐	☐
Participação no mercado externo	☐	☐	☐	☐
Atributos de sustentabilidade (ecodesign, análise do ciclo de vida, selo verde)	☐	☐	☐	☐

4. O processo produtivo da empresa: (Dica: a energia alternativa refere-se a sua fonte, como biomassa, eólica, solar etc. Os subprodutos são materiais e insumos gerados ao fim do processo produtivo junto com os produtos planejados.) (Produção Limpa: utiliza equipamentos com baixo consumo de energia e matéria-prima, está integrada com outras etapas de toda a cadeia produtiva e com o consumo para tornar a atividade sustentável.)

	Sim	Não	Às vezes
É automatizado	☐	☐	☐
Está atualizado tecnologicamente	☐	☐	☐

	Sim	Não	Às vezes
Utiliza fonte de energia alternativa	☐	☐	☐
Utiliza matéria-prima reciclada	☐	☐	☐
Gera resíduos ou subprodutos	☐	☐	☐
Utiliza materiais ou equipamentos de outras empresas do APL	☐	☐	☐
Segue os preceitos da Produção Limpa	☐	☐	☐

5. Tendo como referência o ano atual e o anterior, as empresas: (Dica: Tecnologia da Informação refere-se tanto ao *hardware* - computadores, equipamentos de telefonia etc - quanto *softwares,* programas, aplicativos, consultorias. Já tecnologia limpa está associada a equipamentos, máquinas e instalações que reduzam o consumo de energia e os impactos negativos ao meio ambiente.)

	Sim, muito	Sim, pouco	Não
Lançaram novos produtos	☐	☐	☐
Utilizaram recursos relacionados à Tecnologia da Informação	☐	☐	☐
Reduziram seus custos de produção	☐	☐	☐
Aumentaram a participação em novos mercados	☐	☐	☐
Adotaram novos modelos de gestão (*just-in-time* etc.)	☐	☐	☐
Criaram novas formas de arranjos produtivos (terceirização. cooperação etc.)	☐	☐	☐
Adaptaram o processo produtivo frente às condições da demanda interna e externa	☐	☐	☐
Investiram em tecnologia limpa	☐	☐	☐

D. EFEITOS DA FORMAÇÃO DO APL E PERSPECTIVAS PARA OS PRÓXIMOS ANOS

(Dica: o objetivo deste capítulo é avaliar a importância e frequência das ações coletivas dos atores sociais desde a formção do APL até hoje e apontar o cenário futuro.)

1. Qual a intensidade da cooperação:*

	Muitas vezes	Poucas vezes	Raramente	Nunca
Na negociação de preços	☐	☐	☐	☐
Em projetos de inovação (produto e processo)	☐	☐	☐	☐
Na expansão da oferta de mercado	☐	☐	☐	☐
Nas reivindicações junto aos governos	☐	☐	☐	☐
Na negociação de financiamentos	☐	☐	☐	☐
No compartilhamento de máquinas e equipamentos	☐	☐	☐	☐
Na criação de serviços especializados/consultorias	☐	☐	☐	☐
Na formação de trabalho qualificado	☐	☐	☐	☐

2. Qual a forma de cooperação deve ser mais praticadas no próximos anos?*

3. "A formação do APL aumentou o estoque de capital social do setor de transformados plásticos, ou seja, os atores passaram a buscar soluções para problemas comuns, com base na confiança e em valores éticos (cooperação) e sociais (identidade com a região do GABC)." De acordo? Comente.*

4. Quais ações voltadas para a sustentabilidade socioambiental foram praticadas?*(Dica: sustentabilidade socioambiental quer dizer aqui um estado dinâmico em que o consumo de recursos naturais não é maior do que sua capacidade de renovação e o bem-estar da população não degenera.)(Outros R são a redução do uso de matérias-primas; a remanufatura de produtos e o reúso.) (Gestão ambiental refere-se ao métodos e processos realizados para reduzir e minimizar os impactos ambientais bem como adequá-los à legislação ambiental.) (Logística reversa ocorre a partir do retorno de um produto à fabrica ou reciclagem.)

	Sim	Não
Utilização de subprodutos	☐	☐
Produção Limpa	☐	☐
Combate à poluição	☐	☐
Usos de fontes de energia alternativa	☐	☐

	Sim	Não
Reciclagem e outros R	☐	☐
Gestão ambiental	☐	☐
Logística reversa	☐	☐
Qualificação e empregabilidade do trabalho	☐	☐
Inclusão social	☐	☐
Empreendedorismo (fortalecimento da economia local)	☐	☐

5. Marque as três ações que devem ser mais praticadas nos próximos anos.*

- ☐ Utilização de subprodutos
- ☐ Produção Limpa
- ☐ Redução da poluição
- ☐ Usos de fontes de energia alternativa
- ☐ Reciclagem e outros R
- ☐ Gestão ambiental
- ☐ Logística reversa
- ☐ Qualificação e empregabilidade do trabalho
- ☐ Inclusão social
- ☐ Empreendedorismo
- ☐ Outro:

6. O APL influenciou as políticas públicas. Concorda? Comente.* (Dicas: a) Referência para criação de outros APL; b) Novo eixo de desenvolvimento; c) Integração com outros APL e projetos (parques tecnológicos, incubadoras, empreendedorismo, reciclagem etc.); d) Sinergia com os projetos de outras instituições (SEBRAE, MDIC, FINEP, IPT, FSA etc.)

7. Quais atividades do APL envolveram as universidades e escolas técnicas?*

E. GOVERNANÇA E PAPEL DOS AGENTES NO APL

(Este capítulo é voltado para indicar e apontar a estrutura organizacional e funcional do APL por meio das atribuições dos atores sociais e suas competências.)

1. Assinale as 5 atribuições principais das empresas: *

- ☐ Realizar cooperação técnica
- ☐ Compartilhar equipamentos
- ☐ Propor estratégias de mercado/marketing
- ☐ Adotar novas tecnologias e formas de gestão da produção
- ☐ Aumentar a oferta e diversificação de produtos
- ☐ Fazer financiamentos de forma cooperada
- ☐ Fazer ações políticas para reduzir a tributação
- ☐ Investir em equipamentos voltados para Produção Limpa
- ☐ Reduzir a produção de resíduos ou aumentar o seu reaproveitamento
- ☐ Aumentar a eficiência no uso da matéria-prima
- ☐ Buscar processos produtivos complementares entre empresas
- ☐ Aumentar o valor agregado na região do GABC
- ☐ Integrar os processos produtivos de forma sustentável
- ☐ Gerar empregos qualificados
- ☐ Promover a cidadania e a identidade cultural
- ☐ Compartilhar serviços técnicos especializados
- ☐ Outro: ____

2. Assinale as 5 principais funções da Agência de Desenvolvimento do Grande ABC no APL*

- ☐ Indicar o APL como parte do planejamento estratégico da Agência
- ☐ Atuar na governança do APL
- ☐ Adotar o APL como estratégia para o adensamento local da cadeia produtiva
- ☐ Adotar o APL como eixo de desenvolvimento local e sustentável
- ☐ Integrar o APL com outros setores, APL e projetos de desenvolvimento local sustentável
- ☐ Alinhamento com a política regional e nacional para o desenvolvimento de APL (MDIC, SEBRAE e Investe São Paulo)
- ☐ Contratar consultorias
- ☐ Coordenar reuniões técnicas
- ☐ Realizar atividades de integração

- ☐ Realizar convênios
- ☐ Promover seminários e cursos
- ☐ Divulgar e disseminar informações setoriais
- ☐ Prospectar fontes de recursos
- ☐ Aproximar universidade e prestadores de serviços
- ☐ Outro: ☐

3. O Consórcio do GABC se relaciona com o APL por meio de(o) (assinale 3 opções):

- ☐ Planejamento estratégico regional
- ☐ Ações coordenadas dos municípios
- ☐ Alinhamento com as políticas industriais do ESP e do Brasil
- ☐ Sistema regional de inovação: Parques Tecnológicos, Universidades, Fatecs
- ☐ Projetos de logística e transportes
- ☐ Ações voltadas para a isonomia tributária
- ☐ Busca da sustentabilidade social e ambiental da região do GABC
- ☐ Metas para o trabalho decente, responsabilidade social, cidadania e igualdade raça/gênero
- ☐ Gestão ambiental dos resíduos e dos recursos naturais
- ☐ Outro: ☐

4. Que atuação das prefeituras mais contribui para formação e consolidação do APL (assinale 3 opções)?*

- ☐ Incentivos fiscais
- ☐ Oferta de infra-estrutura (asfalto, iluminação)
- ☐ Oferta de serviços públicos (documentação, limpeza, centro de empregos)
- ☐ Coleta seletiva e programas de reciclagem
- ☐ Serviços de água, saneamento e gestão ambiental
- ☐ Promoção de eventos (seminários, palestras)
- ☐ Atividades de integração (rodadas de negócios, grupos de sinergia)
- ☐ Outro: ☐

5. A contribuição da FIESP para o APL é (assinale 3 opções):*

- ☐ Participar de sua governança
- ☐ Disseminar a prática da cooperação
- ☐ Intensificar sua importância na cadeia produtiva
- ☐ Promover a gestão ambiental na organização da produção
- ☐ Apontar desafios/oportunidades do setor de transformados plásticos
- ☐ Outro: ______

6. A contribuição do Sindresp para o APL é (assinale 3 opções):*
(Sindicato da Indústria de Resinas Plásticas)

- ☐ Participar de sua governança
- ☐ Disseminar a prática da cooperação
- ☐ Intensificar sua importância na cadeia produtiva
- ☐ Promover a gestão ambiental na organização da produção
- ☐ Apontar desafios/oportunidades do setor de transformados plásticos
- ☐ Outro: ______

7. A contribuição da Abiplast para o APL é (assinale 3 opções):*

- ☐ Participar de sua governança
- ☐ Disseminar a prática da cooperação
- ☐ Intensificar sua importância na cadeia produtiva
- ☐ Promover a gestão ambiental na organização da produção
- ☐ Apontar desafios/oportunidades do setor de transformados plásticos
- ☐ Outro: ______

8. Nas universidades o APL busca (assinale 3 opções):*

- ☐ Convênios, projetos de pesquisa e estudos setoriais
- ☐ Centro de informação e banco de dados
- ☐ Formação de pessoal qualificado
- ☐ Realização de seminários temáticos
- ☐ Laboratórios e pesquisa aplicada
- ☐ Cursos sobre redes de cooperação produtivas e sustentabilidade

- ☐ Outro: ______

9. Nas escolas técnicas o APL busca (assinale 3 opções):*

- ☐ Convênios, projetos de pesquisa e estudos setoriais
- ☐ Centro de informação e banco de dados
- ☐ Formação de pessoal qualificado
- ☐ Realização de seminários temáticos
- ☐ Laboratórios e pesquisa aplicada
- ☐ Cursos sobre redes de cooperação produtivas e sustentabilidade
- ☐ Outro: ______

10. Os sindicatos dos trabalhadores atuam no APL para (assinale 3 opções):*

- ☐ Buscar a qualificação técnica dos trabalhadores
- ☐ Aumentar os salários e os empregos do setor
- ☐ Melhorar os indicadores de qualidade de vida
- ☐ Combater a precarização do trabalho (promover o trabalho decente)
- ☐ Manter as fontes locais de geração de riqueza (tangível e intangível)
- ☐ Disseminar a prática da cooperação
- ☐ Outro: ______

F. PERSPECTIVAS DO APL NA SUSTENTABILIDADE

Dica: a sustentabilidade é uma situação ou estado de um sistema em equilíbrio dinâmico em que perturbações neste sistema levam a reações no sentido de retorno ao estado de equilíbrio. No caso da economia ou sistema econômico, o equilíbrio entre a produção e o consumo depende da reposição do estoque inicial de recursos produtivos (capital, trabalho e recursos naturais). Exemplo de indicadores/índices de sustentabilidade: índice de desenvolvimento humano (IDH), Pegada Ecológica (quantidade de gases de efeito estufa associados à produção, quantidade de água consumida, quantidade de carbono associado à produção, quantidade de energia consumida), índice de resíduos reciclados, índice de qualidade de vida.

1. Quais os indicadores de sustentabilidade deveriam ser adotados pelo APL?*

2. Quais aspectos da sustentabilidade listados abaixo são estratégicos para o APL (assinale 5 opções):*

- ☐ Geração local de riqueza, emprego e renda
- ☐ Reciclagem, remanufatura e logística reversa
- ☐ Utilização de subprodutos
- ☐ Responsabilidade Social das Empresas
- ☐ Educação ambiental
- ☐ Utilização de tecnologias verdes
- ☐ Certificações, legislação e normas internacionais
- ☐ Utilização de energias alternativas
- ☐ Outro: ☐

3. Quais ações e projetos do APL estão voltados para o desenvolvimento sustentável?*(A definição mais usual de desenvolvimento sustentável é a do Relatório Brundtland, segundo a qual "desenvolvimento sustentável é aquele que atende as necessidades do presente sem comprometer a possibilidade das gerações futuras atenderem as suas próprias necessidades". Ao mesmo tempo, a erradicação da pobreza, a mudança de padrões insustentáveis de produção e consumo e a proteção e gestão dos recursos naturais que formam a base do desenvolvimento econômico e social são os objetivos maiores do desenvolvimento sustentável.)

4. Como ocorre a gestão ambiental no APL?*

5. As ações voltadas para a sustentabilidade devem ser realizadas individual ou coletivamente? Por quê?*

GRÁFICA PAYM
Tel. [11] 4392-3344
paym@graficapaym.com.br